商态圈

企业全球化战略构建

[美] 文卡特·阿特卢里　　米克洛斯·迪茨　　著
（Venkat Atluri）　　（Miklós Dietz）

蒋雨衡　译

中国科学技术出版社
·北 京·

北京市版权局著作权合同登记 图字：01-2023-4394

图书在版编目（CIP）数据

商态圈：企业全球化战略构建 /（美）文卡特·阿特卢里著；（美）米克洛斯·迪茨著；蒋雨衡译 . —北京：中国科学技术出版社，2025.2

书名原文：THE ECOSYSTEM ECONOMY: HOW TO LEAD IN THE NEW AGE OF SECTORS WITHOUT BORDERS

ISBN 978-7-5236-0688-9

Ⅰ . ①商… Ⅱ . ①文… ②米… ③蒋… Ⅲ . ①商业模式 Ⅳ . ① F71

中国国家版本馆 CIP 数据核字（2024）第 103165 号

策划编辑	杜凡如　王秀艳	执行策划	王秀艳
责任编辑	安莎莎	版式设计	蚂蚁设计
封面设计	北京潜龙	责任印制	李晓霖
责任校对	吕传新		

出　　版	中国科学技术出版社
发　　行	中国科学技术出版社有限公司
地　　址	北京市海淀区中关村南大街 16 号
邮　　编	100081
发行电话	010-62173865
传　　真	010-62173081
网　　址	http://www.cspbooks.com.cn

开　　本	880mm×1230mm　1/32
字　　数	159 千字
印　　张	7.625
版　　次	2025 年 2 月第 1 版
印　　次	2025 年 2 月第 1 次印刷
印　　刷	大厂回族自治县彩虹印刷有限公司
书　　号	ISBN 978-7-5236-0688-9 / F·1264
定　　价	69.00 元

（凡购买本社图书，如有缺页、倒页、脱页者，本社销售中心负责调换）

目　录

导言

生态系统时代：
审视一场正在悄然发生的变革

　　未来永远不会像现在这样令人兴奋或令人困惑。如今瞭望远方，文化、商业和技术领域的许多发展趋势有时令人振奋，有时也令人烦恼。对于行业外的人来说，这一切也许令人不知所措：加密货币、人工智能、Web 3.0、量子计算、自动驾驶汽车、物联网、智能家居和生物医学奇迹。这样的例子不胜枚举，放在一起就像一个相互交叠、千变万化的万花筒。每一个变化都有可能改变世界，每一个变化本身都可能足够复杂，可以用一整本书的篇幅来探讨。

　　然而，如果我们拨开迷雾，更深入地观察，就可以看到不一样的东西。经过更加仔细地观察，你会发现如今世界上几乎所有令人目眩的发展都与一个现象有关，那就是传统经济部门之间的边界正在逐渐消失。我们习惯于按照建筑、信息技术、汽车制造、能源、金融服务和卫生保健等行业来思考经济问题。我们一直认为这些行业是独立的类别，而且每个行业都在各自的领域里运行。但现在，经济从根本上发生了改变。随着经济部门之间的边界逐渐变得模糊，新的组织结构正在形成并取代原来的经济结构。如果这对你来说是一个抽象的概念，那么设想一下：许多企业实际上已经开始适应这一变化。这不仅是一种理论，也是正在实际发生的事情。

行业转型是一个根本性的变化，这种转变可能难以理解。我们正面临着经济史上最大的市场转型之一。在生活中，我们一直以不同的行业来理解经济。正如本书第 1 章中所写的，这个概念已经存在了数千年之久。划分行业的界限似乎被刻在了市场的基石之上，不仅是真实存在的，而且是不可避免的。现如今，这种情况正在改变。部门作为一种描述经济的方式，越来越没有说服力，因为它们之间的边界正在逐渐消失。这是为什么呢？我们将在本书探讨这个问题。现在，在 21 世纪初，我们遇到了一个转折点，使企业有可能忽略这些边界，去做一些新的事情，为所有人创造价值。

这意味着什么？简而言之，对许多企业来说，一切都在改变：客户、竞争对手以及商业模式。这些企业将不得不重塑自己的形象，在一个完全不同的环境中运作。随着部门之间的边界逐渐消失，企业正在形成新的、更有活力的组织结构，其核心不是做事的方式，而是人们的需求。这些新的结构就是我们所说的生态系统：由相互关联的数字和实体企业组成的社区，跨越传统的部门边界，为客户提供能够满足其某一特定需求或一系列需求的一切，无论是住房、医疗，还是娱乐。通过相互协作，企业之间共享资产、信息和资源，形成了生态系统，最终创造的价值超越其中任意一家企业单独所能实现的价值。这些企业所做的不仅仅是找到切蛋糕的新方法，而是通过合作和跨行业的业务，正在创造更大的蛋糕价值，其共同实现的价值要比单独企业能够实现的更大。由于参与生态系统的每个企业都为这个共同创造价值的过程做出了贡献，每个企业也都分享了利益，并最终形成了一种充满活力、富有创造性、有影响力的全新商业形态，这必定会改变我们所认知的经济（见图 0.1）。

为什么我们要用"生态系统"这个词来描述这种社区？在谈论自然界的时候，通常用这个词来指代一个相互依存的生物群落，或者共同形成的一个满足每个生物特殊需求的共生关系网。例如，我们可以想象在一个森林生态系统中，熊吃鹿，而鹿则吃用熊的粪便滋养的植物，也吃腐烂的树叶和其他植物。植物被虫子转化为土壤，虫子被鸟类吃掉，鸟类也吃小的啮齿动物，小的啮齿动物以树上的坚果为食，这些坚果由土壤和腐烂的植物供养。每个有机体都依赖于其所处的关系网。同样，企业也可以共同创造以满足客户需求为中心的互利关系网。这个类比并不完美，当然，商业生态系统和自然生态系统的运作方式有许多不同之处，但其核心概念很相似，可以给商业生态系统的发展以启发。

有可能你已经在商业环境中多次听到生态系统这个术语。这个概念已得到广泛认可，但也带来了一个小问题。生态系统如此频繁地被讨论，如此普遍地被引用，但它的真正含义并不明确，在许多情况下，人们用这个术语来表示比我们所想

图 0.1　商业生态系统的定义

的更有限、更没有意义的东西。如今一些企业的首席执行官
（CEO）会审视其传统的销售商和客户的关系，并带有欺骗性
地认为这种关系构成了一个生态系统。本书使用这个术语来指
代企业之间更深层次的联系，也就是为了客户的最佳利益而集
体创造和分享价值的联盟。

为了更好地理解企业如何以及为什么要形成这些生态系统，可以以超市为例。谈到生态系统时，我们一般会想到高科技企业。但是，这些企业在互联网兴起之前的几十年就已经有了非数字化的先例，它们说明了同样的核心概念。在超市兴起之前，家庭从各种不同的专营销售商那里采购食物。牛奶由送奶工运送，鱼销自鱼贩，肉销自屠夫，农产品销自蔬菜水果商，大米、豆类和其他主食销自粮油店。超市的创新之处在于将这些单一的功能整合在一起，成为能够满足人们所有食品杂货需求的统一、全面、一站式的采购渠道。超市并非像老式的专营商店那样按照供应链来运营，而是按照顾客的需求来运营。顾客不愿意为了一周的购物需求而去五到十个不同的销售商那里采购，以前他们之所以这样做是因为他们只知道这种销售方式，这也是其获得所需物品的唯一方式。这就是多年发展起来的食品销售方式。人们真正想要的是便利，即一站式的购物体验，所以超市一经推出，就迅速成为主要的购物形式。

今天，在新技术进步的推动下，越来越多的企业聚集在一起，形成综合生态系统，能够同时满足人们的多种需求，本质上是在更大范围内复制超市效应。这些先驱者正在利用数字平台（包括硬件和软件）来刺激创新，将企业组织成新的合作形式，如应用商店和数字市场，并采用创新型经济模式。例如，日本的乐天公司可提供金融科技、旅游预订、即时通信和食品配送服务。或者像美国的亚马逊这样的公司，可提供音乐、视频、游戏、云计算、超市和在线零售服务。还有其他公司，如苹果、腾讯、阿里巴巴或谷歌等。尝试找出这些公司各自所属的行业确实是个挑战。

这是一项不可能完成的任务。因为这些都是跨越了多个部门的生态系统公司。事实上，其组织方式完全无视部门之间的传统边界。当然，另一种跨越部门的公司早已司空见惯：企业集团。你可能想知道生态系统公司与企业集团有何不同。我们将在第 1 章中更详尽地讨论这个问题，简单来说，生态系统公司是以客户需求为中心的，而企业集团则不一定。正如我们所知，成为一个生态系统公司的参与者有不同的方式。有些涉及与选定的合作伙伴合作，跨越部门边界建立业务，以满足某一特定类别或某几类客户的需求。另一些则涉及与许多合作伙伴密切合作，或搭建一个大型平台，使其他参与者能够聚集在一起。然而，其核心概念是，参与者跨越部门边界，为全面满足客户的一系列需求服务。

为了说明生态系统公司是如何工作的，让我们看一些已经在当今世界产生重大影响的生态系统经济。例如，专注于满足客户保健需求的生态系统。想一想，一个人在保持健康时可能采取的一贯操作步骤：选择和管理健康保险单、接受预防保健服务、开处方药、选择健康活动（如健身课）或健康服务（如食物追踪器），甚至接受手术等治疗。这些步骤共同构成了客户的活动历程。生态系统经济的理念是将这些步骤全部结合在一起，或者说是将尽可能多的步骤结合起来。即使这个过程中的每一步是由不同的公司完成或管理的，生态系统也将其整合到一个统一的平台上，因此，对于客户来说，只需要在一个平台上进行操作。当生态系统能够用量身定制的解决方案解决关键问题时，就会特别有效，这对客户很有吸引力。换句话说，如果一个生态系统经济能够帮助消费者完成其活动过程中最艰难的一步，他们将更有可能让更广泛的生态系统来满足他们的其他需求。这在 2020 年新冠疫情暴发之初体现得最为明显，当时数百万患者经历了一个新的难题，也就是无法正常地去处理日常事务，比如说去看医生。以前非常小众的远程医疗服务被迅速而广泛地采用。随着对远程医疗的不断采用，消费者也越来越接受通过基于生态系统经济的供应商获得医疗服务的想法。

　　此外，还有许多其他的基本需求可以构成一个生态系统经济的基础。如果我们谈论的是核心需求，比如说是对房屋的需求，事情就会有所不同。一个房屋生态系统会涉及多个公司，这些公司共同满足消费者在获得和维护房屋过程中可能存在的每个需求。任何经历过这一过程的人，尤其是近年来，都知道这是一个多么令人头痛的过程。这个过程从搜索开始，房屋生态系统的一个重要组成部分就是一个房地产销售和租赁搜索引擎，如 Zillow①。其他需求包括融资、保险、监测、评估、搬家、装修、法律问题、维修和保养。一个全面的房屋生态系统将涵盖这些需求，通过一系列合作，或者一个数字平台，将

---

① 一家美国房地产信息查询网站。——编者注

不同公司的服务整合成统一的、综合性的用户体验平台。在这种情况下，用户最终得到的是一站式服务，包括与房屋有关的一切，从搜索、购买、装饰、维护到出售，直到搬家并重新开始这一过程。在整个过程中，客户的需求是第一位的。

举个稍微不同的例子，让我们考虑一下企业和人的需求。企业毕竟是由人经营的，同样也能够被在同一个平台满足所有需求的前景所吸引。例如，一个已经成为生态系统基础的商业需求是企业对企业（B2B）服务。中小型企业可能需要的基本运营服务：获得资金、管理财务、营销（包括数字广告）、IT基础设施、法律咨询、办公管理和人力资源。几乎所有的企业家都有一个共同点，那就是希望在这些工作上花费尽可能少的时间。因此，一个 B2B 服务或小型企业生态系统会通过一个全包式数字平台，专注于为中小企业提供尽可能多的此类服务。

希望到现在为止，生态系统经济的力量已经逐渐显现。成功的生态系统经济一旦建立，就会形成一个良性循环，为其增长提供动力。通过单个公司自己无法有效提供的产品和服务，生态系统吸引了越来越多的客户，最终产生了网络效应。更多的客户意味着更多的数据，公司可以充分利用这些数据来打造更好的产品，这反过来又进一步改善了公司的业务流程并会赢得更多的客户。生态系统弥合了价值链上的缺口，创造了一个以客户为中心的统一的价值主张，在这个主张中，用户可以通过一个单独的接入网关，享受对各种产品和服务端对端的体验。在这一过程中，客户的成本降低了，并且获得了新的体验，所有这些都会吸引更多的客户。

股本高得不能再高了。想要了解原因，请尝试这样做：搜索当今全球市值最高的十家公司，然后将这十家公司与十年前或二十年前市值最高的十家公司进行比较。当然，这些公司与之前的公司完全不同，这也在意料之中，毕竟时代在变化。但如果你仔细观察，就会发现一些奇怪的现象。过去，这个名单上的公司的业务领域都是很容易分类的，换句话说，是由非生态系统经济的参与者主导的，例如埃克森美孚（ExxonMobil）这样的石油和天然气公司，美国国际集团（AIG）这样的保险公司，以及花旗（Citi）这样的金融机构。现在，尽管名单仍在不断变化，但你可能会发现，前十名中的大多数公司都是生态系统经济的参与者，这些公司很难被分类，因为它们与合作伙伴们协同工作，创造出跨越行业界限的价值主张。在这些公司中，包括苹果、微软、谷歌母公司、亚马逊和元宇宙（Meta）公司。如何为这些公司分类？如果说它们是科技公司，会过于简单化。苹果公司提供信用卡服务并运营苹果应用商店，为客户提供从食品配送到运动课程再到拼车等各种服务。亚马逊经营着一家大型连锁杂货店，并拥有米高梅（MGM）电影制片公司。

过去和现在的十家公司名单之间的差异反映了经济的巨大调整，其重要性现在才开始被认识到。资本市场已经在这些生态系统公司上投注了数万亿美元的资金。但生态系统公司现在所拥有的巨大力量只是冰山一角。我们相信，在未来几十年里，全球经济的基本结构将被重塑为一个全新的形态。这将产生一些重要的影响，其中最重要的是，无限的资本正处于危险之中。根据最近的一项分析报告，这种多部门、打破类别的新型生态系统公司构成了我们所说的综合网络经济，在未来几十年内可能达到全球经济总产出（以收入衡量）的三分之一左右，为 70 万亿—100 万亿美元（见图 0.2）。

如果你有兴趣从这 70 万亿—100 万亿美元中分一杯羹，就需要了解目前正在发生的大规模转型的基本原理，这正是本书讨论的主要内容。在下文中，我们将解释为什么正在发生这种转变，为什么发生在当下，在未来几十年内可能会继续发展成什么样，最重要的是，你应该为此做些什么。

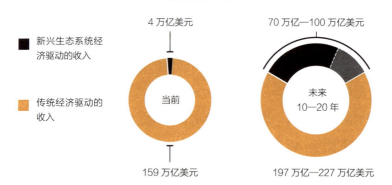

以收入计算的全球经济产出

■ 新兴生态系统经济驱动的收入

■ 传统经济驱动的收入

图 0.2 在未来的几十年里，全球新兴的生态系统经济可以带动
70 万亿—100 万亿美元的收入增长

资料来源：麦肯锡分析，埃信全球产业服务。

无论你是否做好了准备，综合生态系统经济都即将来临，事实上，它已经来了。如果不采取行动，就会错过很多机会。生态系统经济有一套新的规则、一套新的激励机制、一个全新的游戏要玩。如果继续按照旧的规则进行游戏，不仅意味着错过了生态系统经济的回报，还将面临非中介化、解体、商品化和隐形化，我们称为"启示录四骑士"。生态系统经济为具有创造性的商业产品提供了巨大的机会，但也带来了巨大的危险。

令人意想不到的结果是，没有人是安全的。现在大多数大型生态系统参与者都是从利用技术进步来创造新型数字化业务起步的，而这些业务以前是在线下进行的。在这个过程中，他们打下了坚实的基础，在此基础上推出面向生态系统的业务。但是，随着生态系统在我们的经济生活中成为一种更加具有主导性的力量，同时各部门之间的壁垒不断消失，我们看到生态系统具有极大的广泛性。新的冲击不仅来自科技公司扰乱实体企业，也可能来自其他任何方面：利用其数据和资产进入新领域的大型老牌公司，利用新的技术或监管变化灵活的新兴企业，以及你做梦都想不到会与之竞争的公司。简而言之，龙头企业不再是龙头企业了。事实上，龙头的概念已经不再有意义。世界上的每家公司，无论大小，都将不得不为一场新的战斗做好准备。

也许这听起来很吓人，但事实确实如此。一家公司要想在未来几十年里有生存和发展的希望，就需要全新的思维方式、制定战略的新举措，以及执行战略的新举措。这场战斗的规则是十分新颖的。几个世纪以来，离散部门的基本组织原则保持不变，这一基本事实触及全世界经济生活的各方面。但现在，情况正在发生变化。为了在这场新的游戏中获胜，在这个竞争异常激烈的新型经济中，商业领袖需要全新的理念和新的剧本。本书旨在阐释为什么正在发生这些变化，并提供驾驭正在形成的新经济所需要了解的知识。

我们非常清楚地认识到，没有一种工具可以让我们为生态系统经济做好准备。我们不能只把生态系统的转变委任给首席数据官（CDO）、首席营销官（CMO）、首席技术官（CTO）或其他任何一个部门。生态系统经济要求我们重新制订整个竞争方案，并要求我们组建一个以董事会和首席执行官为首的团队来做。它要求我们在最基本的层面上对组织进行改造，重新思考我们是一家什么样的公司、竞争力在哪里、与谁合作，提出什么样的价值主张、如何操作游戏、如何在更广泛的生态系统经济中创造价值，以及如何获取其中的一些价值。本书将提供所需的工具，以找到有意义且可操作的答案来解决这些问题。

由于生态系统的到来是如此具有变革性和重要性，我们希望尽可能直接地进行阐述。本书结构简单，分为两个部分。

第一部分将介绍生态系统的过去、现在和未来。主要阐释人类最终如何开始打破部门的界限；不断变化的消费模式和技术突破的结合如何创造了一些早期的生态系统；以及在未来几十年里，生态系统经济将如何在我们眼前把世界变得焕然一新。换句话说，为什么会发生这种情况？为什么会现在发生？我们认为这些变化会把我们带到哪里去？第二部分将探讨这些重大变化的现实意义，提供你所需要的所有知识，以适应不断变化的环境，并在竞争中保持优势地位，无论你是首席执行官、新兴企业家还是工商管理硕士生，或是介于两者之间。简而言之，我们将解释为什么这些变化创造了全新的游戏规则。

当然，经济总是在变化，而且一直如此。从前在巨大动荡或困难的过渡时期，敏锐而有远见的商人能够通过巧妙地解读蛛丝马迹并预先判断其所预示的变化而领先于竞争对手。希望本书能够帮助你在未来的岁月里做类似的事情，但这一次，引领潮流更重要。我们现在经历的变革不仅仅是一系列常规的重组中的下一个步骤，也是近代史上最大且最重要的经济变革。除了做好准备，我们别无他选。

正如一开始所说的，我们都生活在一个社会各个层面都发生了无序变革的时代。这些变化可能难以解释，而采取行动则更具挑战性，但找到一种理解方法至关重要。本书的核心宗旨是，面对这些令人吃惊的发展，要拨开云雾见青天，要拉远镜头以展示更大的画面。因为只有这样做，我们才能在即将到来的生态经济中找到一条繁荣发展之路。

第一部分

PART 1

1

星火燎原：
从部门走向早期生态系统的变迁之路

让我们从头开始，回到数千年前人类历史的最早阶段。那时，人类过着游牧生活，靠狩猎、采集谋求基本生存，相较于电影《2001：太空漫游》（*2001：A Space Odyssey*）开场时刚懂得使用工具的原始人而言，当时人类的生存能力也就略胜一筹。正如托马斯·霍布斯（Thomas Hobbes）在其《利维坦》（*Leviathan*）一书中提出的著名论断所述，人们的生活在这种自然状态下是"污秽、野蛮且短暂的"。

想想从那时起发生的一切。人类发展了农业，建立了永久性定居点，驯养了牲畜，学会了制造金属工具，建造了城市并发展出了复杂的社会体系，拥有繁荣的政治和艺术文化。人类的寿命延长了两倍。当时人类的生活与现在相比，存在着天壤之别，差距难以估量。然而，如果我们仔细观察，就会发现这么多年来，有件事古今一辙，也就是自从有了组织化的工作以来，人们一直在将工作分门别类，形成了现代经济中的各个行业。

随着文明的进化，社会也愈加复杂，人们需要更有组织、更加高效的工作方式。这些行业类别之间的界限也随之愈发清晰。当人类还是游牧狩猎采集者时，无须进行专业分工，但是，随着文明的发展和繁荣，人们发现，如果将工作细分为不同类别，就可以事半功倍。例如，我们要把制砖工作与造船工作划分开来，就像铺路与耕作工作一样，二者之间并无关联，而这些又与建造住宅或制陶工作之间互不相关。每种工作都有其独特的活动，由不同的从业者完成，他们会将自己的工作发展成为一种行业门类。随着文明的不断发展，不同形式的工作变得更为复杂化、专业化和社会化。在古罗马，这些工作逐渐正规化，形成了所谓的行会（collegia），即行业协会。例如，有木工协会、商船船员协会、酒商协会和种植者协会等。在古代中国，也曾出现过类似的体系。到了中世纪，同业公会（guilds）作为类似的组织形式在欧洲大部分地区应运而生。

到了 18 世纪末和 19 世纪初的工业革命时期，我们所知道的不同产业部门已经开始形成。例如，采矿业、纺织品制造业和玻璃制造业。每个产业部门都有自己的供应链、专业技艺和专有分配方式。这些差异化的行业并非凭空出现，而是一直遵循由行会和此前的公会以及早在人类有组织地从事创造价值的工作以来就已经存在的各个行业所设定的模式。

然而，事情并非一成不变。在浩渺的历史长河中，行业的边界经历了持续、缓慢而渐进的变迁，行业之间的界限在悄然改变。经常会有某些行业因失去了存在的意义而被淘汰，例如电话发明后的电报业。行业也会转型、合并或解体。当技术进步使得某种工作更加轻松高效时，从事这种工作的公司或组织就会涉足其他业务；或者当发现其他人更擅长做这类工作时，他们会停止从事这类工作，及时调整其业务范畴。与此同时，随着社会日益成熟，新的需求应运而生，换言之，新的技术突破带来了新的可能性，其他行业门类也随之涌现。例如，在19世纪末和20世纪初，工程师对内燃机进行了完善和改进，汽车业开始形成。随着个人计算机的普及和微电子领域的新进展，计算机和信息技术行业从20世纪70年代开始飞速发展。但总的来说，即使旧行业衰落，新行业涌现，这些行业分类仍然是清晰分明的，并且一直保持着不同特点。

如今，一系列发展因素交汇在一起，这种情况终于发生了变化。我们将在下一章中探讨原因，但现在重要的是要明白，在21世纪初的某个时候，行业之间的边界开始变得模糊。正如我们在导言中提到的，被称为生态系统的新经济形式正在取而代之。企业正在汇聚成充满活力的社区，通过跨越传统部门界限来合作创造价值。

虽然这一切产生了非常重要的影响，但至少在某些方面，新兴的生态系统经济看起来并没有那么新奇。毕竟，行业的定义一直在变化，几个世纪以来，技术发展一直在促使某些经济部门出现、消失和合并。例如，银行业是由货币兑换、商业银行业务、储蓄银行业务和保险业务合并而来。正如上文所提到的，超市将以前肉店、乳品店、鱼店、杂货店等商店的单一功能合并到一起，使顾客可以买到所需要的所有日常杂货。随着时间的推移，诸如此类的变化创造了新的竞争者，转移了大量的财富，并重塑了经济的重要组成部分。尽管这些变化发生在颠覆性一词流行之前很久，但这个词对于这些转变也是适用的。

所有这一切都可能令人质疑：生态系统经济真的与过去有如此大的区别吗？新的商业界真的与旧的有那么大的区别吗？事实是，虽然在过去的几十年里生态系统经济展现了神奇的作用，但我们近年来所见证（并且仍在见证）的是真正的新事物和特别之物。正在进行的数字革命，多年来一直在减少摩擦性交易成本，特别是 21 世纪的到来，数字革命加速发展，并即将引发规模空前的巨大经济变革。

为了理解这种新型生态系统经济的重要性以及如何应对它所带来的挑战，我们必须首先了解它与之前的经济有什么不同，也就是说，我们需要了解一直以来指引我们的信念和假设。因此，花点时间回顾一下引领我们走到这一步的经济发展史是非常重要的，即如何从以行业为基础的经济演变为以生态系统为基础的经济的历史过程。

当然，行业是指共同占据经济的同一领域，并提供同一类别的原材料、商品或服务的企业群体。这些部门或行业就在我们身边。（虽然对于部门和行业之间的区别众说纷纭，但我们在此将交替使用这两个术语）。不难想到一些例子：农业、汽车行业、酒店行业、金融行业、教育行业等。现在的情况是，随着企业形成跨越传统部门界限的新社区，这种分类正在失去其意义。

正如本书第二部分所探讨的那样，从以部门为基础的传统经济过渡到以生态系统为基础的新型经济，我们的业务理念需要进行重大调整。在旧的部门中，通常用部门占有的市场份额和相对利润率来衡量其成功与否，部门的目标是在所属行业中占有尽可能多的份额。在新兴的生态系统中，目标是拥有客户，跟踪、指导其行动过程，并建立一个在关键时刻能够满足其需求的经济模式。

经济变革的困难在于，产业及其边界存在已久，已经深入我们的思维之中，成为我们认知世界的一个主要部分。事实上，它们对每个人都很重要，而不仅仅是经济学家和商业领袖用于发布分析报告和决策的框架。通过行业研讨会、行业论坛、行业出版物、内部通讯、商务会议，甚至共同的规范和道德实践，大多数行业都明确地致力于围绕其共同目标和业务范围创建一个社区。对于现在的许多工人来说，其所属的行业及其社区是其生活中极为重要的部分。因此，尽管我们生活在一个传统经济部门日益模糊的世界里，但我们却很少停下来思考其存在的事实，或者考虑传统经济部门消失后世界会是什么样子。

企业集团的崛起

回顾一种相关的（但重要的是不同的）企业的历史可能会有助于了解生态系统经济的发展过程，即企业集团，或由多个不相关（或只有松散关系）的主营业务组成的公司。多年来，随着经济模式越来越复杂，公司和组织规模也在不断扩张，许多公司和组织不断拓展业务，开始涉足超出其最初目标范围的新领域。企业集团正是通过将几个不同的企业合并到一个共同的所有者之下而形成的。正如诺贝尔经济学奖得主罗纳德·科斯（Ronald Coase）所指出的，公司存在的原因在于降低交易成本，在许多情况下，这种成本节约具有足够的吸引力，可以将极其多样的商业活动聚集在一个公司的屋檐下。这正是催生企业集团涌现的动力。

荷兰东印度公司（Dutch East India Company）是这种跨行业企业集团的先例之一。该公司成立于 1602 年，存在了近 200 年，以其名字的荷兰语首字母 VOC（Vereenigde Oostindische Compagnie）而闻名。正如历史学家斯蒂芬·鲍恩（Stephen Bown）所写的那样，到 17 世纪末，VOC 是"世界上最强大且最富有的公司"，"参与了大量的商业活动，如建筑、制糖、服装制造、烟草调制、编织、玻璃制造、蒸馏、酿造等行业。"后来许多企业集团都是随着个别家族或企业集团积累更多的财富和权力而形成的，而 VOC 的成立是由荷兰政府主导的。当时，大约有 20 个荷兰财团一直在竞争从东南亚进口肉豆蔻和丁香等货物。荷兰政府担心这些企业集团之间的竞争过于激烈会导致利润下降，于是将竞争对手们合并为一家单独的公司，并授予其从事香料贸易的政府特许权和垄断权。尽管 VOC 在这个意义上而言是一家垄断企业，但其主要目的仍然是跨行业整合各种不同的业务范围。

不久之后，凭借其庞大的规模和独家经营权，该公司在该地区的贸易中占据了主导地位，就像现在的企业集团一样，它正在向新的领域扩展，尽可能使其业务和收入来源多样化。为了使荷兰成为香料贸易领域无可争议的全球领导者，荷兰政府广泛赋予该公司权力，允许其缔结条约，建立防御前哨据点，自组佣兵。18 世纪，该公司经历了一系列变革，逐渐从一个公司实体变得更像一个国家或一个帝国。与此同时，VOC 最重要的出口产品的利润也在下降。再加上欧洲的社会和政治变革以及管理不善，该公司逐渐走上了下坡路，最终荷兰政府于 1799 年撤销了其特许权。

在随后的几年里，企业集团继续发展。直到 20 世纪，企业集团在美国成为一种常见且分布广泛的公司组织形式。在 20 世纪初，一系列的发展为企业集团创造了一个理想的环境。一篇关于企业集团在美国兴起和衰落的学术文章中提到，杜邦和通用汽车等公司在 20 世纪 20 年代率先采用了多部门组织结构（亦称 M 形结构），通过独立的部门来生产和销售一些相关产品。采用多部门结构易于整合所收购的业务，使公司能够通过收购发展壮大。但是，美国国会于 1950 年通过了名为塞勒 - 基福弗法案（Celler–Kefauver Act）的反托拉斯法之后，"横向和纵向收购（购买竞争对手、买家或供应商）失去了监管机构的支持，寻求通过收购实现增长的公司被迫向其他行业进行多元化投资"。

这一法案导致 20 世纪 60 年代至 70 年代出现了疯狂的兼并和收购，包括建立跨国企业实体，如国际电话电报公司（ITT）、利顿工业公司、德事隆集团以及海湾和西方工业公司。这种繁荣也得益于低利率的环境和有些动荡起伏的市场，因为这些公司有很多机会收购其他陷入困境的公司，而且由于利率低，这些公司易于获得融资。正如《商业和技术法杂志》（*Journal of Business and Technology Law*）中的一项研究所阐释的那样，企业集团的活动在这一时期占主导地位，"1968 年，在这一浪潮的高峰期，大约 84% 的大型兼并活动是由企业集团完成的。此外，当年对制造业和矿业公司的大型收购资产达 126 亿美元，其中企业集团的收购达到了 110 多亿美元。"

除了监管方面的变化和有利的商业环境外，某种程度上的从众效应也可能促成了这种疯狂的并购，但不管是什么原因，企业领导人很快就相信了企业集团的有效性（芝加哥大学的观点是个例外，他们认为投资风险更适合由投资者而不是公司来承担）。正如《商业和技术法杂志》中的研究所指出的，"许多公司主管认为，通过收购相关和不相关的业务，公司多元化能够建立一个效率更高、风险更小的大型公司。"这个想法是，"通过使用一家大型公司的资源和管理，公司可以更容易且有效地管理一些不相关的业务"，这将减少风险并促进协同增长。如果一家大型公司同时在能源、航空旅行、塑料制品、电信和电子等领域开展业务，那么其中任何一个行业陷入困境，该公司仍可处于比较安全的地位。企业集团通过投资各种不同的行业来减轻风险。同样，如果企业集团在某一行业获得成功，就可以利用其收益投资于其他领域。最终，这些公司发现，多元化的业务也可以提高其领导层的业绩。新的主管们可以在不同的业务范围内循环，从中获得宝贵的、多样化的技能，最终助力于公司的发展。

国际电话电报公司就是这样一家在这个时代崛起的企业集团。1920 年，索斯提尼斯·贝恩（Sosthenes Behn）和埃尔南德·贝恩（Hernand Behn）兄弟在纽约成立了该公司，作为其在加勒比地区的电话和电报公司的控股公司，该地区的公司包括波多黎各电话公司和古巴电话公司。从一开始，贝恩兄弟就雄心勃勃地想通过收购和开拓新的业务领域来扩大公司规模。1925 年，该公司收购了美国电话电报公司（AT&T）负责制造电话设备的子公司，从而涉足电话制造业。

第二次世界大战结束后，该公司继续在美洲和其他地区扩展其电信业务，1959 年，哈罗德·吉宁（Harold Geneen）接替索斯提尼斯，成为公司的领导人。吉宁满腔热情地继续推进公司的扩张计划，并通过涉足不相关的新领域来推动公司业务的多元化。1997 年他去世后，《经济学人》（The Economist）在其讣告中称吉宁为"收购之王"，并写道，"他认为一家公司可以在任何地方成功投资任何类型的业务。公司通过设定严格的财务指标，对这些部门进行约束，并用其高评级股票收购新的公司来实现增长"。正如《纽约时报》在一篇回顾性文章中所述，吉宁领导下的国际电话电报公司是"跨国企业集团的典范"，是"一台不可思议的交易机器"，一度一周收购一家公司。国际电话电报公司最终在 80 个国家和地区拥有 350 家公司，业务包括酒店、保险、汽车租赁、草籽、冷冻食品、面包和广告牌等。

像国际电话电报公司这样的公司，拥有如此广泛的业务部门，似乎与今天的生态系统公司很相似，这些公司通过跨越不同的经济部门来创造强大的新价值主张。事实上，20 世纪 60 年代至 70 年代（以及更早）的企业集团预示了如今的生态系统，它们之间有一些共同点：两者都是通过扩展其产品来满足客户需求，并通过扩展新的业务领域来不断发展，有时通过收购外部公司，有时通过有组织地增长业务。

但与此同时，现在所发生的事情在几个重要方面与之前的企业集团存在着根本性的不同。首先，在许多情况下，企业集团的组成部分往往不是自然地结合在一起的，其结合的目的不是协同办公。更确切地说，在大多数情况下，其结合只是出于合并的资本优势，或者是出于其他一些考虑不周的原因。许多企业集团会接受全新的业务，客户重叠度很低，或者与现有产品产生协同效应的机会很少。这就是所谓的"公司投资组合"模式，在这种模式下，企业集团的许多部门和收购类似于投资者投资组合。企业集团和生态系统经济之间的第二个重要区别是对合作的重视程度，企业集团愿意独自完成大部分业务，而现在的生态系统经济参与者在很大程度上依赖外部的第三方公司或承包商，在一个共有平台上开发产品和服务，以最大化地满足客户的需求。第三个重要区别是，生态系统经济的商业模式往往与企业集团有很大不同。企业集团一般都依赖传统的商业模式，而现在最成功的生态系统经济参与者则倾向于与其他参与者合作的"做大蛋糕"模式，然后分享共同创造的价值。

迪士尼的混合模式

有一家公司开发了一种特别有前瞻性的商业模式，既建立在企业集团结构之上，又显现着生态系统公司的结构，这家公司就是沃尔特·迪士尼制作公司（Walt Disney Productions），现在名为沃尔特·迪士尼公司（Walt Disney Company）。沃尔特和罗伊·欧（Roy O）兄弟二人于 1923 年成立了工作室，当时电影和动画制作的进步正在开启新的创作可能性。兄弟二人的工作室很快就通过一系列动画和真人表演相结合的短片获得了成功，此后快速发展，于 1928 年开发了第一部有声电影《威利号汽船》（Steamboat Willie），并于 1937 年开发了第一部长篇动画电影《白雪公主和七个小矮人》（Snow White and the Seven Dwarfs）。事实证明，《白雪公主和七个小矮人》取得了巨大的成功，利用这些收益，迪士尼公司在加利福尼亚州伯班克购买了一块 51 英亩[①] 的新地产，该公司工作室的总部至今

———————————

① 1 英亩 ≈ 4047 平方米。——编者注

仍设在那里。公司的综合大楼于 1939 年完工，1940 年，公司首次公开募股。

20 世纪 40 年代，沃尔特·迪士尼工作室变得更具组织性和高效性，不断推出成功的动画作品，包括《木偶奇遇记》（Pinocchio）、《小飞象》（Dumbo）和《小鹿斑比》（Bambi）。美国加入第二次世界大战后，工作室面临着制作方面的挑战，因为工作室的许多工作人员被征召入伍，而且由于观众的钱和休闲时间减少，票房大幅下降。尽管如此，该工作室仍然坚持不懈，在战后能够兼营真人表演节目和电视节目。

大概在这个时候，人们开始意识到，沃尔特不仅仅是一个非常成功的电影制作人。1948 年，战争的记忆还历历在目，沃尔特给他工作室的制片设计师发了一份简报，概述了建造其所谓的米老鼠公园的初步计划，他最初提议在位于伯班克的迪士尼工作室对面的一块 8 英亩的土地上建造一个小公园。正如沃尔特所说，这个提议是为了避免让那些来到好莱坞却发现没有什么可看的粉丝们大失所望。沃尔特对公园的憧憬越来越大，伯班克已经承载不了他的梦想，他很快决定，于 1953 年在加利福尼亚的阿纳海姆买了一块土地。1954 年开始施工，1955 年，这个被他命名为迪士尼乐园的公园开始营业。

这座新公园很快就引起了轰动，吸引了成群的粉丝。这个想法所代表的不仅是一位深思熟虑且富有创造力的领导者为实现其年轻粉丝的梦想而努力，也是一个公司利用其现有优势进入新领域的成功案例。事实上，这座公园体现了迪士尼多管齐下的战略方针，即公司的不同部门相互促进、融合发展，最终的成效超过其各部分的总和。

虽然迪士尼公司创建这种模式的时间比催生当前数字生态系统时代的技术发展要早几十年，但其许多协同作用和行业涵盖范围与当今一些最主要的生态系统参与者有着相似之处。与当今的生态系统参与者一样，迪士尼也专注于打造一系列产品和体验，以满足其客户在不同领域的需求，不仅包括电视和电影，还有书籍、旅游、玩具和音乐。换句话说，他们是在一系列端对端的客户活动过程中满足客户的需求。我们可能会问自己：迪士尼是一家遥遥领先的生态系统公司吗？虽然该公司高瞻远瞩的战略思维代表了其向生态系统战略的迈进，但它在几个重要方面有所不同。也许最重要的是，迪士尼选择了独自运营大部分业务，而不是参与到一个相互联系的外部企业社区中，迪士尼在大多数情况下选择独自建立社区。

迪士尼的模式是企业集团和生态系统公司之间的一个重要的中间步骤，星火即将燎原。在20世纪后期，迪士尼继续发展壮大，建造了许多主题公园，其中最引人注目的是佛罗里达州的迪士尼世界，扩大了其电视业务，并收购了许多其他公司。

其他地方的企业集团

在美国之外的其他国家，企业集团也成为一种普遍形式，虽然形成的原因类似，但情况略有不同。正如《哈佛商业评论》（*Harvard Business Review*）上的一篇文章所解释的那样，虽然这些企业集团在不同的国家可能有不同的名称，在中国被称为"企业集团"，在印度被称为"business house"，在拉丁美洲被称为"grupos económicos"，在韩国被称为"chaebol"，在土耳其被称为"holdings"，但本质上是同一种形式。

其在日本，被称为财阀或财团，这是一种在 19 世纪末明治维新后出现的企业集团，当时日本政府试图刺激经济增长并加速国家工业化进程。在此期间努力成长起来的商业领袖很快聚集成一个家族企业帝国网络，其中最突出的是三井、三菱、住友和安田。财阀通常会涉足许多不同的行业，包括纺织、采矿、外贸和保险等。在日俄战争以及第一次世界大战期间，日本的财阀们也参与了军事工业，并在此期间得以大幅扩张。日本在第二次世界大战中战败后，同盟国试图解散其财阀，但实际上只是解散了一部分。不久之后，日本财阀的残余势力和曾经属于这些财阀的个别公司开始形成组织宽松的联盟，这些联盟在许多方面的功能与其之前的家族集中化控制的大型公司相似。因此，财阀在日本的现代经济发展中继续发挥着重要作用。

在韩国，一批企业集团在朝鲜战争后帮助韩国政府重建，从而崭露头角。事实上，许多公司成立于被日本占领至第二次世界大战结束时期，并从日本的财阀中获得了灵感。在朝鲜战争后的重建时期，这些被称为韩国财阀的公司从政府对加快恢复重建石油和钢铁等重要行业的关注中获益匪浅。外交关系委员会（Council on Foreign Relations）的一篇文章曾写道，"这些企业在朴正熙（Park Chung-hee）将军的领导下蓬勃发展，1961 年他领导了一场军事政变，在 1963—1979 年担任韩国总统。作为朴正熙提出的出口驱动发展战略的一部分，其政府优先向出口企业提供优惠贷款，并使国内工业免受外部竞争的影响。"

"Chaebol"这个词可以翻译为"财富集团"或"财富家族"，就像日本财阀一样，韩国财阀几乎完全是家族所有。根据科技资讯网（CNET）上的一篇回顾性文章所述，韩国财阀的另一个特征是，它们和美国的企业集团一样，业务范围涉及多个领域，"一个企业集团不仅必须由家族所有才能被认为是真正的财阀，而且该企业集团必须在至少两个不同的领域拥有业务。比如韩国最大的财阀三星集团，因其核心子公司三星电子而闻名，但也拥有经营豪华酒店、建造原油油轮和销售人寿保险的子公司。"

到了 20 世纪，财阀们继续进入新的行业领域，并将其产品出口到国外市场，这不但巩固了财阀的权力，也增强了韩国的经济。正如外交关系委员会的文章所解释的，"出口贸易从 1961 年仅占（韩国）国民生产总值的 4% 增长到 2016 年的 40% 以上，居全球前列。大概在同一时期，韩国人的平均收入从每年 120 美元上升到如今的 27000 美元以上。随着韩国数百万人摆脱贫困、韩国财阀的崛起，企业集团深入参与了韩国的战后复兴。"

虽然企业集团产生于不同的政治和经济环境，直接回应某些监管变化或政府项目甚至战争，但整个 20 世纪，世界各地不同种类的企业集团一般都处于持续增长和发展的浪潮中。一位商业评论家在《纽约时报》上写道："日本财阀、韩国财阀以及土耳其和印度的财阀……都通过正式和非正式的合作而获利。在发展中的经济体中，保持密切关系的好处往往特别大，因为在这种经济体中，如果可以用货币衡量的话，信贷、信托、专业技能和良好的政府关系都是非常昂贵的。"

但是，至少在西方国家，企业集团的问题也随之产生。

西方企业集团的演化

跨行业企业集团模式在 20 世纪中期进入全盛时期也许是有道理的。但到了 20 世纪 80 年代，各种趋势的交织使企业集团模式面临越来越大的压力。尤其是随着投资者的投资组合多样化，全球市场正变得更加有效。人才也是如此，随着全球范围内人才的获取变得更加容易，人才市场也变得更加透明且高效。同时，大型企业集团的一些缺点也变得更加明显。事实证明，管理众多具有不同需求、目标和动机的部门会带来运营和组织上的挑战，而这些挑战在一个宽松的企业集团结构下是非常难以应对的。很多时候，更大更复杂意味着要容忍越来越低的效率。

正如我们前面提到的，一些企业集团认为，拥有多样化的业务将有助于企业培养领导人才，使企业能够从所有的部门中汲取资源。这些企业集团认为，有了这样的优势，就能利用自己的优秀人才更好地开展业务，从而取得更好的结果。虽然这在某种程度上是正确的，但是日益高效的整体人才市场很大程度上削弱了所有的优势。同样，许多企业集团相信，使用其现金流业务产生的资金可以投资其他业务，以获得更高的收益，这种信心只在过去的利率制度中得到增强。但在这方面，其优势也被日益高效的金融市场削弱了。所有这些使许多企业集团陷入困境，并迫使企业集团放弃在经济繁荣时期收购的子公司。

正如《哈佛商业评论》的一篇分析报告所阐释的那样，"几十年来，企业集团在美国和欧洲大行其道，但……到20世纪80年代初，企业集团因业绩不佳而陷入低谷，致使人们认为专注于某一领域的企业比多元化的企业更能创造股东价值。"

美国新一届里根政府加速了这一趋势，这届政府在反垄断执法方面采取了比前几届政府更为宽松的政策，在其任期内，联邦贸易委员会（Federal Trade Commission）对公司的合并和收购变得更为宽容。这种宽松的政策虽然为公司的收购浪潮创造了条件，却加剧了在20世纪60年代至70年代发展起来的大型企业集团所面临的困难。正如一项对该时期的学术研究所述，这一时期见证了"分拆式"收购的黄金时代，在此收购模式中，"收购者瞄准了企业集团，在收购后对其进行分拆并出售部分资产或业务，以实现资本增值。"随着时代的推进，越来越多的企业集团开始受到市场环境转变所带来的冲击，这种收购方式逐渐成了业界常态。与此同时，"那些并未受到收购威胁的多元化公司选择主动剥离与其核心业务不相关的运营，以更加专注于其'核心业务'的发展"。

公司在这种不利条件下不断调整适应，公司高管和商业分析师的共识迅速转变为反对企业集团结构。随着时间的推移，这种新的共识越来越深入人心，很快就被很多人接受，以至于股票市场开始在这样的设想下运作：企业集团的价值低于其各部分的总和，并据此对其股票进行估值，这种做法称为"多元化折让"。这使得企业集团，特别是西方的企业集团，更加缺乏竞争力，很快就落后了，特别是在提供股东收益方面。这一现象影响广泛，最终给各种公司带来了压力，使其专注于自己的领域，而不是寻求涉足不相关的新行业。

20世纪80年代末，这些趋势的综合效应是确定无疑的，即企业集团正在走向衰落。1991年，《经济学人》在回顾过去的十年时，称企业集团的热潮"几乎可以肯定是美国企业有史以来最大的集体性错误。"

奇怪的是，虽然在欧美地区如此（除了少数几个明显的例外），但世界其他地区的情况却大不相同。例如，在中国、印度和土耳其等国家，企业集团持续繁荣发展，甚至在多元化折让成为西方的传统智慧之后，这些国家的企业集团变得更加复杂且多元化。正如上文提到的《哈佛商业评论》的研究报告所述，"在发达国家，企业集团可能被视为庞大、低效且落后的机构，但在新兴市场，多元化的企业集团继续蓬勃发展……（而且）正变得越来越多元化。企业集团平均每 18 个月就会成立一家新公司，其中一半以上的新公司涉及与其现有业务无关的领域，并且大多数公司都是赢利的。"

这是为什么呢？在美国和英国等国家，市场在 20 世纪后半叶变得更加高效，企业集团面临更多的挑战，许多商人开始认为专注于某一领域的企业，本质上比多元化、多部门的企业集团更好。但在其他地方，市场情况并没有对企业集团模式不利。在世界各地的某些地方，包括在劳动力、资本和其他领域仍有一些低效的经济体中，将许多不同的业务部门集中在一个企业屋檐下的想法仍然具有吸引力。在许多情况下，各组织已经找到方法来克服过去阻碍一些企业集团发展的不利因素。据《哈佛商业评论》的一篇文章所述，"有效的一个主要因素……是其领导者不再依靠家庭成员和合伙人来监督公司，而是建立了一个称为集团中心的正式管理层，围绕着集团董事长办公室而构成。这种机制正在帮助敏捷的企业集团发现并利用更多的机会，同时保留其身份和价值观。"

审视这几十年来各部门和行业变化与发展的所有方式，最引人注目的也许是这些（与如今发生的情况相比）发展相对缓慢，并对各种不同的驱动因素作出反应的方式。随着技术的进步，消费者行为和期望不断变化，对可持续能源的需求、政策的不稳定和地缘政治风险加大等更广泛的社会问题不断出现，市场上的这些构造性转变发生在几代人身上，对企业施加了压力。虽然这些变革意义深远，但在大多数情况下，公司有足够的时间来适应和改变其商业模式。

正如我们将在下一章看到的，在新的技术发展和消费模式推动下，21 世纪的变化将更快。那种过去需要数十年才能实现的变化在短短几年内就实现了。

2

高墙轰然倒塌:
生态系统经济迎来曙光

在 2007 年和 2008 年,苹果公司及其当时的首席执行官乔布斯正处于抉择时刻。

1997 年,在被迫离开其与合伙人共同创立的公司近 12 年后,乔布斯回到了苹果公司,并很快成为公司的掌舵人。这个时候,公司正处在破产的边缘,乔布斯知道,为了拯救公司,他必须迅速而果断地采取行动。他确定,想要生存下来的唯一途径是砍掉公司大部分无关紧要的业务,把所有的精力集中到少数核心产品上,这些产品将依靠苹果公司的主要优势,尤其是设计优势。

苹果公司的个人计算机肯定是核心产品之一,但乔布斯也看到,个人计算机在不断发展,互联网将很快使得在计算机上进行各种商业和消费活动成为可能。他认为,音乐消费尤其如此。因此,乔布斯把他最强大和最具创新性的一个团队放在开发苹果音乐播放器(iPod)上,这是一个用于播放数字音乐的小型个人设备。当然,随着数字音乐业务的飞速发展以及苹果公司推出的苹果音乐软件(iTunes)的支持,苹果音乐播放器推出后就大受欢迎。但很快，乔布斯开始考虑公司的下一步发展。2007 年 1 月，公司发布了苹果手机（iPhone），这是一款时尚的个人设备，包含苹果公司对以前设备的所有设计改进，并且具有一个精密且全新的全触控界面。

全国各地的技术爱好者都去排队购买第一批苹果手机，人们开始意识到这个设备有多强大。它可以打电话、发邮件、管理日程和浏览互联网，以前的黑莓（BlackBerry）等移动设备也能做到。然而乔布斯和苹果公司的其他人可以看到，苹果手机还有更大的潜力。他们没有想到的是，至少没有立即想到的是，除非拥有一个强大的基础结构，用于开发各种各样能够扩展设备功能的应用程序，否则苹果手机将无法充分利用这种潜力。为了实现这一点，他们需要外部的开发者。苹果公司自己根本无法开发出能够释放苹果手机全部功能所需的数十万种应用程序。

然而，乔布斯最初想与第三方开发者保持一定的距离，指导自己的员工开发基于网络的应用程序，用户可以通过苹果手机内置的 Safari 网络浏览器获取。根据沃尔特·艾萨克森（Walter Isaacson）撰写的《乔布斯传》所述，这位苹果公司的首席执行官最初否定了为苹果手机开发第三方本地应用程序的可能性，"部分原因是他认为其团队没有足够的能力来解决管理第三方应用程序开发者所涉及的所有复杂问题"。

然而，乔布斯和苹果公司很快就妥协了，他们随后发布了一个软件开发者工具包，并在 2008 年 7 月开放了一个称作

"应用商店（App Store）"的新平台。这就是《连线》（*Wired*）杂志后来所称的"个人计算机史上的决定性时刻"。应用商店不仅使下载手机软件（或应用程序）变得简单易行，而且使苹果手机在一个蓬勃发展的市场中处于中心地位（并统领这个市场），在这个市场上打造变革性的新技术解决方案。突然间，苹果公司不再只是一个涉足手机的计算机制造商，而是众多创新软件开发者和其他数字企业的平台运营商。

这就产生了在未来几年苹果公司围绕移动设备建立起来的生态系统。虽然这一发展意义深远，但重要的是，苹果公司在向基于应用程序的生态系统发展时，是按照惯例进行的。多年来，微软公司一直在将其 Windows 操作系统平台打造为基于个人计算机应用程序的某种生态系统，并争取第三方开发者的帮助，使第三方软件与微软的本地应用程序一起运行。事实上，苹果公司本身也以类似的方式，围绕其计算机应用程序建立了一种生态系统。

四大障碍

你可能想知道，为什么这一切偏偏都在这个时期开始展开。如果生态系统如此伟大，为什么没有早一点儿出现？正如我们在上一章中所看到的，当生态系统的转变开始时，不同行业之间的边界已经存在很长时间了。事实上，有几个历史因素一直在积极地推动各行业相互分离，这些因素使一个行业的企业难以进入另一个行业，而且难以形成跨行业的价值主张。我们可以把这些因素看作是阻碍企业在多个不同行业开展工作的障碍。

第一个障碍是分销问题。过去，企业需要一个有形的存在，一个有形的分销点，才能接触到客户。零售商需要商店，银行需要分支机构，保险公司需要保险代理人系统。如果想成为一家跨行业的公司，就会不可避免地遇到缺乏该行业其他企业所使用的分销渠道的问题。

第二个障碍是数据问题。在许多行业中，企业收集和维护自己独有的特定部门的数据集，这有助于其深入了解客户的需求和习惯。来自不同行业的外部组织如果不能获得这些数据，就无法与内部人员在数据优势方面展开竞争。例如，银行和其他金融机构为评估借贷风险，收集了大量复杂的数据集。但如果不能获得这些数据，任何来自金融行业以外的企业在考虑涉及银行业的问题时，都无法在财务上做出审慎的贷款决定。同样，对于希望进入该行业的外来者来说，会得不偿失。

第三个障碍是系统问题。在过去，几乎每个行业都有昂贵而复杂的基础设施作为后盾，不仅仅是上述的实际位置和数据容量，还有支持其工作的复杂技术系统：机器、计算机系统和其他成功运作所需的专业设备。这也意味着，与任何想要进入该行业的外来者相比，已经在某一特定行业运营的公司享有明显的优势。

第四个也是最后一个障碍即供应链问题。一个行业的新来者会发现，在获取和熟悉供应链的关键部分等方面，很难与该行业的老牌企业竞争。我们分别描述这四个障碍，目的是帮助你了解这些产生作用的因素，但事实上，这四个障碍是相互关联的，并在某种程度上相互重叠。在任何情况下，这四个障碍的综合力量使一个行业的企业很难进入另一个行业，因为该行业的老牌企业有太多的优势。试图以战略途径实现多元化，并形成跨行业的价值主张，以全面满足客户的需求，在大多数情况下是根本不可行的。

随着技术日益成熟，消费者的偏好不断变化，信息时代正式启动，不久之后，消费者就可以将曾经被认为是超级计算机的力量掌握在自己手中。这些发展的综合力量帮助企业开始克服这四个障碍，创造了生态系统经济可以开始蓬勃发展的条件。这是一个可以称为生态系统1.0的时代。在未来的岁月里，这些科技和消费趋势将降低营商成本，提供巨大的创新机会，并开始消除传统行业之间的边界。想要充分了解这一点是如何实现的，就需要思考促成这一转变的每一个变化：技术的快速发展以及消费趋势和行为的转变。首先，让我们探讨一下技术的发展。

技术加速发展进步

到了2005年前后，世界已经习惯了技术革新的稳步前进，令人惊叹的新技术和新方法每年都在出现。从某种程度上说，技术正在加速进步。但随着互联网和移动设备的兴起，各种交流和活动都转移到了线上——颠覆性的创新来得越来越快。

这为企业创造了一些不可思议的机会，很快我们就看到像亚马逊、易贝（eBay）和微软这样的公司获得了回报。与此同时，社交媒体和社交网络平台的变革力量开始显现，像脸书（Facebook）、推特（Twitter现更名为X）和领英（LinkedIn）这样的公司迅速受到欢迎，它们不仅将人们与其亲朋好友、同事伙伴联系起来，而且还将人们与大量的新闻、娱乐和信息联系起来。

随着智能手机和移动计算的普及，创新的步伐进一步加快。科技公司能够使其产品和服务真正个性化，基于情境而设计，并且只需轻轻一点就能获得。与此同时，这些新的互联网连接设备所收集的位置数据等大量具体的个人数据，使公司能够给用户提供一种使用便利，这在心理和情感层面具有极大的吸引力。人类渴望简单和即时满足，而移动和云计算的出现意味着，按下一个按钮，就能立即得到我们想要的东西。所有这些的总体影响是，企业能够解决分销的问题，因此我们之前讨论的第一个障碍减少了。过去，想要进入一个新行业的公司面临着必须建立商店、分支机构或其他基础设施的艰巨任务，而现在数字技术的进步为企业联系客户提供了各种新的可能性，例如通过智能手机应用程序进行联系。不久之后，一个特定行业的新来者会发现自己与这一行业的知名企业处于同等地位，至少在获取客户的分销问题上是如此。如今，拥有像仓库和配送中心这样的实体结构仍然使一些公司比其他公司更有优势，但由于各种在线技术模式的发展，使其他公司联系消费者也变得更加容易。

进入 21 世纪，由于数据、分析能力和计算能力易于获取，技术创新的步伐不断加快（见图 2.1），这使得企业在很短的时间内取得重大进步已经成为可能。同时，更便宜且更精确的传感器技术持续发展，为公司收集丰富的数据集提供了更多的便利。与此同时，增强现实（AR，Augmented Reality）和虚拟现实（VR，Virtual Reality）技术的出现将重塑商业和商务以及日常生活的众多领域。正如我们将在下一章中看到的，这些新兴技术将为新业务和新服务创造无数机会，例如数字孪生，这是实体资产（如汽车或房屋）的复制品，使得用户能够定制、升级、维修或变更其资产。

随着这样的突破继续以全新且出人意料的方式出现，技术能力也在不断发展壮大。这在实际运转中是什么样的呢？首先，这意味着大量与互联网连接的新设备开始上线。2018 年左右，世界到达了一个新的里程碑：全世界连接互联网的设备数量首次超过了人口的数量。在 2010—2020 年的十年间，与互联网连接的设备数量增加了一倍以上。

人们对于未来联网设备的数量有不同的估计，有人认为，到 21 世纪第二个十年末，联网设备的数量可能是全球人口的五到十倍。同时这些设备将越来越多地植入人们的生活。很

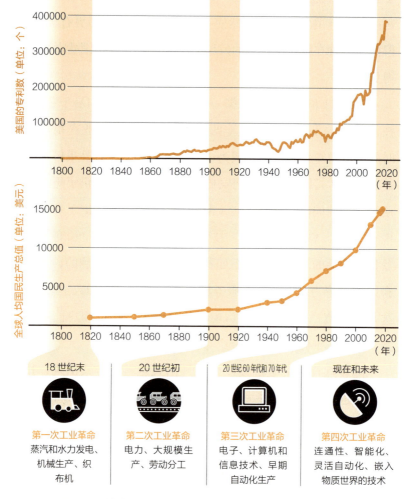

图 2.1　技术发展在过去两个多世纪中如何加速经济增长

注：专利数是一个合理的创新指标，但绝不是一个最佳标准。
资料来源：麦迪逊项目数据库（Maddison Project database），2011 年实际人均国内生产总值（美元）；美国专利和商标局（U.S. Patent and Trademark Office）；麦肯锡全球研究院（McKinsey Global Institute）分析报告。

快，发达国家的普通人将生活在一个由数百个甚至数千个支持和指导其生活的联网设备组成的网络中。不难想象，这个数字将继续呈指数级增长，尤其是当我们考虑到新兴的交通方式以及数字化个人医疗保健的发展时。这两者都将涉及更多的设备，在某些情况下设备甚至可能会被植入我们的身体。

联网设备数量如此激增产生的影响很多，可能难以厘清。其中一个最重要和最具体的影响是，这些设备正在产生大量的数据。每个联网的智能手机、手表、冰箱、汽车和恒温器都会产生数据。而这些数据可能非常有用，能让公司深入了解客户的喜好、习惯和优先事项。根据《福布斯》（Forbes）中提到的一项研究，2010—2020 年，"全世界创建、存储、复制和删除的数据量从 1.2 万亿千兆字节增加到 59 万亿千兆字节，增长了近 50 倍"。

与此同时，随着产生的数据量越来越大，存储和处理这些数据的成本越来越低，且越来越容易。同时，人工智能（AI）取得重大发展，联网设备的计算能力持续呈指数级增长，使企业有能力将与消费者的迫切愿望和行为有关的不同信息片段转化为对消费者更广泛需求的洞察力。这些洞察力，加上数据的低成本和易得性，开始减少一直以来将各行业分开的第二个障碍，数据问题解决了。这反过来又使公司更易于拓展业务范围，寻求各种机会，且成本更低。如果一家科技公司从现有产品中收集到的数据，能够使公司极其详细和准确地了解到客户在医疗保健或银行业务方面的需求，那么就会为其提供医疗保健或银行业务方面的建议带来难得的机会。

与此同时，这些技术方面的新进展也减少了第三个障碍，有助于解决系统问题。过去，一个行业的现有企业在其专有的专业系统和设备方面比外部企业更有优势。但现在，随着云基础设施和数据即服务商业模式的出现，这些系统性能正逐渐模块化且可扩展。再加上非信息技术系统的数字化，这使得第三个障碍对于新进入某一特定行业的人来说不再是一个问题。同时，技术的发展，包括由全球联网提供的数据和云能力，也有助于新进入者从供应链的各个部分找到其可能需要的能力。丰富的在线信息，包括通过在线网络（包括个人和商业网络）获得的信息，使人们更容易接触到供应商，并获得关于其业绩和背景的信息。所有这些都有助于大大降低第四个障碍。

随着所有这四个障碍部分或全部消除，所有类型的企业都有机会尝试跨行业的价值主张。

消费行为的变化

在技术飞速发展的同时，消费者的行为和期望也发生了变化。这是催生生态系统 1.0 出现的另一个主要因素。随着技术使日常活动和商业互动变得更加便利、快捷和个性化，我们消费者的期望也变得越来越高。消费者越来越看重那些能够预测并立即满足其需求的企业。乔布斯有一句名言："很多时候，人们并不知道自己想要什么，直到你将其展示给他们。"正说明这些。

在那些伴随着催生这些消费习惯的技术成长起来的几代人中，如千禧世代和 Z 世代①，消费习惯的变化也许是最明显的。其消费习惯和预期不断变化。他们比年长人群更有可能受到移动应用程序的影响，在网上关注产品品牌，并受社交媒体影响而做出购买决定。这种趋势在最年轻的人群中更加突出。Z 世代中的很大一部分人（约 40%）认为，社交媒体是影响其做出购买决定的最重要因素。

虽然年轻人可能对这些趋势有更清晰的描述，并对未来的发展有良好的感觉，但消费者预期和行为的变化是普遍存在的，而且随着时间的推移只会加速这种变化。所有年龄段的消费者都越来越喜欢从跨越传统经济部门的供应商那里获得服务，例如，从苹果公司获得信用卡等金融服务，或者从基于应用程序的供应商那里获取保险单。

为什么会这样？事实证明，消费者在一个行业中体验到的响应速度和便利，会影响他们对企业在其他行业中能够为他们做什么的期望。反过来，某些行业，即科技行业，正在效率、功能和易用性方面为其他传统的行业制定标准。其中的一个影响是，在线零售商的快递送货选择激增，而那些跟不上时代步伐的零售商和供应商正落后于他人。

---

① Z 世代，也称为"网生代""互联网世代""二次元世代""数媒土著"，通常是指 1995—2009 年出生的一代人。——编者注

当然，这使得消费者更加没有耐心，并促成了一个自我延续的循环，进而延续到其他行业。例如，想想一个人已经习惯于在智能手机上轻点一下，就能预定一个房屋清洁工，或者通过智能音箱语音订购纸巾，并由在线零售商在当天送达。尽管银行业是一个完全不同的行业，但消费者订购纸巾的速度之快且效率之高仍然会使其不太愿意在银行排队而注册账户，他们更有可能通过应用程序办理银行业务。客户们越来越希望企业能够预测他们需要什么，何时需要，并通过他们选择的交付方式（通常是智能手机应用程序）满足其需求。

其他国家的情况也和美国一样，正如我们后面要探讨的那样，这一趋势在中国可能更加明显。在中国，许多人已经习惯了智能手机的便利。人们习惯于通过移动应用程序即时订购食物。尽管医疗保健似乎是一个与之完全不相关的行业，但人们在通过传统途径完成医疗程序的过程中，很可能会缺乏耐心。人们将更愿意尝试像"平安好医生（Good Doctor）"这样的应用程序，这是一个由保险公司运营的平台，患者能够在线预约医生，并通过应用程序连接，接受诊断、建议和治疗。过去在多次预约进行的沟通，需要几天甚至几周的时间，现在仅通过一个具有简单、易用界面的综合应用程序就可以即刻解决。

这不仅是没有耐心的问题。随着苹果公司推出像苹果手机的多点触控界面这样的时尚直观的新产品设计，消费者开始期望在其生活的其他领域也有同样设计质量和易用性的产品，例如厨房用具、洗衣机，甚至是汽车。电动汽车制造商特斯拉

（Tesla）能够如此受欢迎的原因之一，就是它率先在汽车上复制了消费者对科技产品所期待的那种易于使用的界面。

无论是年轻消费者还是老年消费者，都很重视能够在一个地方获得所需要的所有服务。消费者们愿意更换供应商以获得其想要的那种无缝体验。如今，绝大多数的消费者愿意更换品牌，以获得一致的体验，由同一供应商满足多种需求。消费者有这种偏好的部分原因是，当用移动设备进行交易时，消费者越来越不能忍受复杂的操作。最近的研究表明，如果结账和支付程序太复杂，大约十分之九的顾客会放弃购买在线购物车中的商品。总的来说，消费者越来越愿意接受变化，并尝试获得商品和服务的新方式，尤其是如果这样做能创造一个更加顺畅、简单且一体化的客户体验。

最后，除了技术的发展和消费者的变化，还有一些其他因素影响了生态系统经济的出现，并在未来继续影响其发展。应对气候变化已成为全球优先事项，在清洁能源和电动汽车等领域，基于可持续发展的新生态系统已经出现，随着政府越来越重视解决这个问题，这些生态系统将继续发展。世界各地的地缘政治发展也将塑造生态系统，因为更多的国际主义派别和民族主义派别将分别推动激励措施，使生态系统更加全球化或区域化。美国和其他国家及地区的一系列政策问题包括数据隐私、反垄断、财富积累和财富集中等，都有可能推动或阻碍生态系统经济的发展（我们将在下一章中更详细地论述这些问题）。

生态系统 1.0

随着技术和消费者不断发生变化，以及其他次要的因素不断施加影响，这些趋势开始相互促进，不久就引发了公司经营方式的重大变革。世界最终到达了一个临界点，在这个临界点上，生态系统模式对广泛的参与者来说是可行的，从而引发了经济的大规模重组。

通过提供单个公司难以独立创造的产品、服务和主张，生态系统吸引了越来越多的客户，从而产生了更多与客户相关的数据，并出现了更好地分析这些数据的方法，因此打造更好的产品变得越来越容易，反过来这又有助于吸引更多的客户。在这个过程中，客户的投入成本明显下降，并从中获得了越来越多的价值。

所有这一切所产生的影响就是减少了传统上将各行业分离开的障碍。随着这种情况的出现，消费者变得更加不能容忍不方便，也更容易更换产品或服务。这个过程的持续发展，使得开展一种新型跨行业业务的机会能更快出现。与旧的企业集团模式不同，其驱动力不是将不同的主营业务合并到同一企业集团的边际资本效率，也不是在此产生的人才规模效益，而是专注于为客户提供价值。

在 20 世纪 60—70 年代企业集团的全盛时期，客户通常不会从拥有大量不同商业利益的公司中得到太多好处。电信业巨头国际电话电报公司同时拥有连锁酒店，或者生产神奇面包

（Wonder Bread）的大陆烘焙公司（Continental Baking），对客户来说都没有什么好处。从同一家公司获得面包和电话服务有什么好处？但是，对于在互联网和云计算时代崛起的新公司来说，向跨行业框架的转变将由真正热衷于增加客户的价值所驱动。

客户一直希望得到能够同时满足其所有需求的服务，打破行业之间的壁垒。只有当这种想法真正合理的时候，顾客才会被从同一个地方获得尽可能多的东西的想法所吸引。只要看看超市的兴起即可，或者后来像沃尔玛这样巨大的大卖场和一站式购物中心的兴起，甚至后来像亚马逊这样的一体化在线零售公司的兴起。同样，长期以来，经济被组织成不同部门，但大多数消费者对此根本没有直观的认识。没有一个消费者对抵押贷款有强烈的渴望，消费者想要的是一个房子，而获得一个房子不仅涉及抵押贷款，还包括来自多个不同行业的产品和服务。随着行业之间的壁垒不断消退，公司开始创建跨行业的一体化平台，使其最终能够在整体层面上满足客户的需求，同时为客户提供各个类别的服务。公司为客户供应房屋，而不是抵押贷款；提供出行服务，而不是汽车；提供娱乐，而不是电视。

虽然对许多企业来说这一时期充满令人兴奋的可能性，但也存在极大的危险性。因为随着这些变化的发生，公司不断探索其新发现的力量，也发现自己与其他参与者发生了冲突，而且往往是以意想不到的方式。突然间，企业不仅要与传统的竞争对手竞争，还要与各种其他企业竞争。冲突可能来自任何方面，当企业间侵占彼此的领地时，必然会有激烈的、意想不到的冲突。过去老牌公司享有的许多传统优势正在消失。以前使其免受外部攻击的障碍部分或完全地消失了。现有企业无法再从其有影响力的分销基础设施，或已经收集的一套复杂数据，或已建立的技术系统，或获得供应链关键部分的优势中得到安慰。

其他地方的生态系统

正如任何影响深远的大规模经济变革一样，生态系统的变革方式在世界各个地区并不完全相同。当然，许多有远见的人出现在硅谷，这里是苹果、谷歌和其他公司磨炼其生态系统方法的地方。但在世界其他地方也有大量的生态系统，特别是在发展中国家。在许多情况下，一系列特有的情况有助于推动其发展，其中包括年轻人高度集中、强劲的传统产业历史较短。这些情况的综合作用使这些地方的生态系统发展强劲，并对社会产生了巨大的影响，人们在很短的时间内就能感受到。

生态系统1.0有三种普遍的模式：中国模式、其他发展中经济体模式和美国及其他西方国家模式。为了更全面地了解生态系统是如何在世界各地出现和发展的，让我们从中国开始探索这些生态系统的发展轨迹。在中国，各种特有的因素融合在一起，使得中国的生态系统 1.0 比世界其他地区出现得更快且更强劲。

庞大的中国国内市场在许多方面都很特别。也许最重要的是，中国的社会主义市场经济的地位为生态系统的发展提供了特别有利的环境。首先，政府高度重视科技行业的发展，并愿意为其投入大量的国家资源。其次是监管环境，以数据和隐私为中心的监管法律，为中国科技公司提供了支持。此外，还有一大批精通技术的年轻消费者正在积累财富，他们是生态系统产品的理想目标受众。在美国和其他许多国家，老一辈人掌握着几乎所有的财富，而年轻人拥有的财富却很少；相对而言，中国的年轻一代在该国的财富中占有非常大的份额。最后，中国消费者对在日常生活中使用技术赋能产品的前景充满好奇心和兴趣。这些特殊情况使中国迅速涌现出一批新的创新巨头，他们拥有大胆的愿景，将客户纳入自己的生态系统。

首先，最应该提到的是腾讯。腾讯如今是世界上最大的科技公司之一，这家公司成立于 1998 年，起初专注于基于个人计算机的即时通信服务，即 QQ（一种社交应用程序）。不过很快腾讯就开始拓展业务，在 2003 年进入网络游戏市场，并在 2005 年开始提供类脸书（Facebook）的社交网络服务，即 QQ 空间。就像美国科技公司决定允许第三方开发者为其设备和软件平台开发应用程序一样，腾讯决定允许第三方应用程序在 QQ 空间上使用，这有助于推动其发展，并使其在 2010 年成为中国最大的社交媒体平台，当时拥有 4.92 亿活跃用户。

这最终成为腾讯生态系统模式的驱动力，使其能够与大量的第三方公司合作。但这并不是一蹴而就的。

早在 2011 年，随着智能手机领域开始主导科技领域，腾讯就推出了其移动信息应用——微信（WeChat）。根据商业内幕网（*Business Insider*）的一篇报道，虽然微信一开始只是一个类似于 WhatsApp（一款面向智能手机的即时通信应用程序）的简单应用程序，但"微信不断扩展为一种超级应用，取代了优步（Uber）乘车应用平台、GrubHub 外卖平台、Venmo 移动支付应用、Craigslist 广告网站等一系列其他的服务，微信的发展呈现一触即发之势。"这种超级应用结构始于 2017 年，当时微信推出了小程序或小应用功能，允许开发者开发预先批准的轻量级应用，并将其嵌入微信中，作为其延伸功能。事实证明，小程序非常受欢迎，客户只需点击 4 次就能使用外部服务，而且不用离开微信或下载一个新的应用程序。

结果证明这一发展至关重要，即通过向第三方开放，将微信建立为平台的既定战略的一部分。从一个应用变成了一个平台，围绕这个平台可以建立一个生态系统，这从本质上改变了微信，进而改变了腾讯。不久之后，微信就成为一个充满活力和生机的新生态系统的核心。到 21 世纪第一个 10 年末，微信已然成为中国最大的超级应用，远远领先阿里巴巴的支付宝（Alipay），而且日益受到欢迎。微信有超过 230 万个小程序，尽管只有少数几个被广泛使用。总的来说，微信已经深深地融入了客户的日常生活，《财富》杂志称其为"中国人数字生活的有效操作系统"。

但腾讯的生态系统战略不仅仅是微信的超级应用结构。除了它的社交网络工具QQ、QQ空间和微信，腾讯在各种不同的且往往相互重叠的领域运营，包括在线广告、数字媒体、游戏和云计算。

由于其多方面的协同作用，腾讯几乎在所有这些门类中都占据了主导地位，这与美国的情况截然不同，美国的市场在不同的参与者之间更加分散。例如，在美国，至少在写作本文时，几乎在数字媒体的每一个子类别中都有不同的公司处于领先地位。换句话说，领先的社交网络公司与领先的视频流媒体公司不同，而领先的视频流媒体公司又与领先的音乐流媒体、在线游戏等公司不同。在中国，腾讯在所有这些类别中都名列前茅。腾讯最终能够取得成功的直接原因是，它决定利用其最受欢迎的产品——微信的力量，并围绕微信建立一个强大的生态系统，以满足客户所有可能存在的需求为中心。

中国生态系统经济强劲发展的另一个典型例子是阿里巴巴，这家电子商务公司由马云（Jack Ma）于1999年在中国东南部城市杭州创办。

阿里巴巴最初在获得资金方面遇到了一些困难，困难解决后开始迅速发展，寻求利用中国中小型线下企业的力量，并着手说服中国消费者和公司开始使用互联网。阿里巴巴最大的突破之一是在2005年与美国公司易贝的竞争中产生的，当时易贝正试图通过收购一个称作"Each.net"的消费者对消费者

（C2C）的电子商务网站，以进入中国市场。易贝决心成功实现扩张计划，并向 Each.net 投入资源，直到它控制了中国 C2C 电子商务市场的 85%。作为回应，阿里巴巴将重点放在开发和建设自己的 C2C 网站——淘宝网，向该网站投入了大量资金，并宣布 3 年内商户免费在该网站上出售其商品。阿里巴巴及其淘宝网很快就打入中国的年轻人市场中。2005 年，美国互联网巨头雅虎（Yahoo）购买了这家中国公司 10 亿美元的股份。

从那以后，阿里巴巴继续发展，2014 年在美国上市时引起了巨大轰动，这在当时是有史以来最大的 IPO（Initial Public Offering，首次公开募股）。到 21 世纪第一个 10 年末，其销售额甚至超过了沃尔玛，并成为世界上市值最高的 10 家公司之一。在这一过程中，阿里巴巴有意通过与其他企业和参与者的合作来创造价值，而不是自己做所有事情。根据《哈佛商业评论》对该公司的一项研究，阿里巴巴是通过"采用更开放的数据架构"来实现的。文章解释说，这是一个"与欧美的方法根本不同"的战略，欧美方法的特点是在数据问题上采取更加谨慎的立场。

这种对合作关系和生态系统的关注成为阿里巴巴理念的核心，也是其爆炸性成功的组成部分。2004 年，在与易贝的竞争中，阿里巴巴推出了在线支付服务——支付宝。随着智能手机时代的到来，支付宝逐渐发展成为一项移动支付服务，允许用户使用二维码进行支付。2018 年，支付宝推出了类似于腾讯微信所使用的小程序，包括了从食品配送、远程医疗服务、数字娱乐到淘宝电商等领域。尽管支付宝的小程序生态系统仍然稍逊于微信，到 21 世纪第一个 10 年末，只有 100 万到 200 万个小程序，但该公司仍然是世界上最大的电子商务公司之一，截至 2021 年，是全球市值最大的 10 家公司之一。马云的前参谋部资深副总裁兼战略顾问曾鸣（Ming Zeng）在《哈佛商业评论》中表示：

"我们意识到，阿里巴巴的特殊创新之处在于，我们正在建立一个真正的生态系统：一个由有机体（多种类型的企业和消费者）组成的社区，彼此之间以及和环境（在线平台和更大的线下实体元素）之间进行互动。我们的战略任务是确保该平台提供或获得在线业务想要成功所需要的所有资源，并以此支持生态系统的发展。"

在其他发展中国家，生态系统的发展开始得稍晚一些，但到 21 世纪第一个 10 年末其开始像中国的生态系统一样快速发展。在这些地方，虽然没有促使中国生态系统早期强劲发展的相同条件，但仍有一个有利于快速大规模采用新技术的环境。这些新兴市场，包括印度、巴西、土耳其等国家，以及越来越多的非洲国家，这些地方往往拥有庞大的国内市场，非常适合支持超级应用程序和其他类似的主张。

美国的生态系统

当然，还有美国的公司。正如我们之前所指出的，在美国，科技公司形成生态系统的速度最快，因为这些公司在调整其商业模式以应对新兴需求和环境变化方面拥有最多的经验。在利用数据和移动技术方面，科技公司也比其他行业的竞争者更有优势，并有建立、培养和支持软件开发者和基于应用程序的生态系统的历史。尽管这些公司现在已经广为人知，但其优势似乎并没有减弱，市场对其仍然充满热情，到 21 世纪 20 年代初，大多数全球市值最高的公司是拥有强大数字生态系统的科技公司。

以亚马逊为例。该公司创始于 20 世纪 90 年代，是一家以图书为主要商品的在线零售商，在互联网繁荣时期，通过建立一个商家的生态系统取得了早期的成功。它允许第三方供应商通过其在线平台进行销售，并从中抽取佣金。从那时起，亚马逊开始扩展经营范围，在其他领域进行一系列的生态系统开发，建立了一系列适应和支持其更广泛框架的子生态系统。

2005 年，该公司开始为最终成为其业务核心的云计算子公司——亚马逊网络服务（Amazon Web Services，AWS）奠定基础。正如科技博客（*TechCrunch*）所解释的那样，AWS 最初是一个名为"Merchant.com"的生态系统参与者，最初被设想为"Amazon.com 的一项副业"，可以通过将亚马逊的平台扩展到其他网站并帮助第三方商家在亚马逊的电子商务框架基础上建立自己的零售网站来获利。亚马逊的管理层逐渐看到其所建之物的潜力，Merchant.com 演变成了亚马逊网络服务，这是一种云计算服务，为初创公司和大型公司提供服务器、存储、网络和安全服务。根据科技博客的文章所述，亚马逊的管理层"开始将这套服务视为互联网的一种操作系统"。因此，他们变得更加重视这项工作，并投入更多的资源进行开发。AWS很快成为领先的云计算平台，获得了巨额收入。不久之后，AWS 就成为亚马逊更大实体中的一个子生态系统，专注于服务端对端业务需求。

AWS 和其他云计算供应商的崛起，反过来又有助于推动更多的创新，降低计算的成本，并为最初推动生态系统 1.0 出现的条件提供了动力。初创企业可以以可变成本而非固定成本获得所需的信息技术服务，亚马逊称之为"随用随付"。这为新的参与者创造了机会，也使老牌公司更容易进入新的领域，尤其是数字领域，并以意想不到的方式进行竞争。

这种意想不到的竞争也可能发生在另一个方面，科技公司利用其数据支持的平台优势，打入传统行业。亚马逊不断发展，并开始推出附加的子生态系统。其中最突出的一个子生态系统专注于娱乐领域。2010 年，该公司推出其电视和电影制作子公司——亚马逊工作室（Amazon Studios），通过其流媒体服务亚马逊流媒体视频（Amazon Prime Video），专注于创作服务客户的原创内容。该公司最终以 84.5 亿美元的价格收购了具有代表性的好莱坞影城米高梅电影制片公司。进入电影和电视领域不仅是亚马逊一次不太可能成功的尝试，而且是公司整体战略的一部分，这可以满足客户在多个领域的需求和期待，并在这种协同作用下获得发展。虽然亚马逊的所作所为在某些方面似乎更符合企业集团模式，而不是生态系统模式，但事实上，这种拓展是利用并建立在更深层次的协同效应之上（见图 2.2）。通过创建自己的视频内容，亚马逊迅速发展了流媒体服务，即亚马逊流媒体视频。该视频平台连接了其他工作室和创作者的作品，并最终为消费者提供了综合的数字娱乐价值，而这是其竞争对手无法提供的。

在 21 世纪第一个 10 年中后期，亚马逊继续向非技术部门拓展，决定涉入实体零售业，建立另一个子生态系统，专注于在即时的实体世界满足客户对零售的需求。2015 年，亚马逊推出了实体书店亚马逊图书（Amazon Books，尽管后来关停了）。2017 年，亚马逊收购了连锁杂货店全食超市（Whole Foods）。次年，即 2018 年，该公司开始推出其半自动连锁便利店亚马逊无人超市（Amazon Go）。几年后，亚马逊宣布推出实体服装店 Amazon Styles。正如《纽约时报》所述，亚马逊奋力进军实体零售市场，反映出该公司不断认识到某些类别的购物不能完全在线上进行。

但是看到跨越行业边界建立生态系统的好处或必要性的美国公司并非只有科技公司。例如，乐高公司已经超越了它作为传统玩具（其经典塑料砖）制造商的身份，专注于发展以游戏和娱乐为中心的生态系统。该生态系统包括一系列数字和

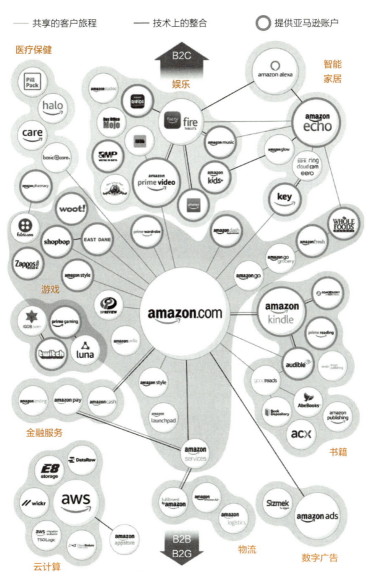

图 2.2　亚马逊体系概览

B2C：企业对消费者的电子商务模式。

B2B：企业对企业的电子商务模式。

B2G：企业与政府机构间电子商务的政府采购环节。

非数字产品，如应用程序、在线游戏、电影、书籍和主题公园。而汽车制造商特斯拉已经建立了一个以可持续能源为中心的生态系统，除了电动汽车（EVs）之外，该公司还涉足家用电池和太阳能电池板制造。有了全套的特斯拉产品，客户可以自己生产能源，并储存在房子里，用来为其电动汽车充电。为了反映这一转变，该公司将其名称从特斯拉汽车公司（Tesla Motors）简化为特斯拉公司（Tesla, Inc）。

回首过往

如今，公司的领导者可以看到正在发生的一切。即使还没有采用基于生态系统的方法和战略，他们也已经在认真思考如何做到这一点，思考可能潜伏在传统经济部门边界之外的生存威胁。越来越多的首席执行官担心，其他行业的公司可能会利用新技术（而不是自己）来了解客户。但关注生态系统力量的并不只有商业领袖。我们也可以看到生态系统的变革力量反映在政府对生态系统的关注上。从印度到欧洲的监管机构都在密切关注生态系统的出现和成功，特别是在利润聚集方面。

最后，有一点是明确的，建立、培养和维持生态系统的公司不是在特殊情况下产生的反常之物。相反，它们处于核心位置，或者更准确地说，处于当今经济的顶端。它们不是局外人，而是经济未来的预兆，并且始终存在。

这并不是说基于生态系统的公司不会遇到困难，也不是说它们不会失败。许多基于生态系统的公司都遇到了困难，也有很多生态系统失败的例子。与其他类型的公司一样，基于生态系统的公司有时也会遇到意想不到的障碍，或因计划和执行不力而受到影响。有几个因素会导致其失败，其中包括被能够找到更简单或更有凝聚力的替代方式来提供价值的竞争对手所超越；输给具有创新价值主张的竞争对手；而最后，一旦生态系统建立起来，就无法真正有效地培育其发展壮大。一些失败或陷入困境的生态系统公司的例子包括：20 世纪 80 年代索尼的 Betamax 录像机生态系统，20 世纪 90 年代和 21 世纪第一个 10 年内诺基亚的 Symbian（塞班）智能手机操作系统生态系统，共享汽车公司优步在中国的生态系统，社交网络平台 MySpace（聚友）的生态系统。换句话说，努力建立一个以生态系统为导向的公司远不能保证公司会最终取得成功。

为了了解生态系统在当今的主导地位，以及它们在塑造经济方面发挥了多大的作用，我们只需要看一下全球市值最大的公司名单，就像我们在本书导言中所做的那样。如今排在前 10 名的公司中，绝大多数都是拥有强大生态系统业务的科技公司（见图 2.3）。

这份名单代表了过去 20 年来的惊人变革。即使是在 10 年前，这份名单看起来也非常不同。苹果公司和微软公司已经在其中，但其他公司中有很大一部分是化石燃料公司。名单上的公司更加多元化，有银行、保险公司、药品公司和老牌跨行业企业集团。

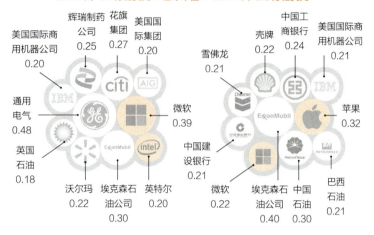

〇 生态系统公司　〇 非生态系统公司

2001 年：2.7 万亿美元 ◀ 全球市值 ▶ 2011 年：2.5 万亿美元

美国国际商
用机器公司
0.20

辉瑞制药
公司
0.25

花旗
集团
0.27

美国国际集团
0.20

壳牌
0.22

中国工
商银行
0.24

美国国际商
用机器公司
0.21

雪佛龙
0.21

通用
电气
0.48

微软
0.39

微软
0.39

苹果
0.32

英国
石油
0.18

中国建
设银行
0.21

沃尔玛
0.22

埃克森石
油公司
0.30

英特尔
0.20

微软
0.22

埃克森石
油公司
0.40

中国
石油
0.30

巴西
石油
0.21

2021 年：13.2 万亿美元

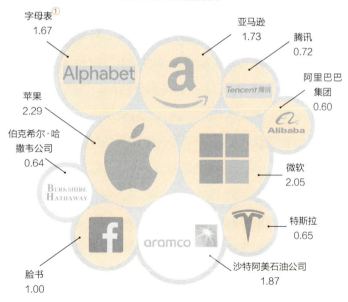

字母表①
1.67

亚马逊
1.73

腾讯
0.72

阿里巴巴
集团
0.60

苹果
2.29

伯克希尔·哈
撒韦公司
0.64

微软
2.05

特斯拉
0.65

脸书
1.00

沙特阿美石油公司
1.87

图 2.3　过去 20 年全球市值最大的公司名单变化

资料来源：标准普尔资本智商。

———————

①　谷歌的母公司。——编者注

　　这些变革动力是否预示着每个公司都会发生巨变？当然不会。人们仍然会光顾实体店，重工业（当然也得益于技术的进步）将继续提取和加工我们日常生活中必不可少的材料，而数字空间以外的无数其他企业将继续启迪其创始人和员工的智慧，为一个偏好和需求日益多元化的世界服务。很明显，生态系统不会也不可能改变一切。

　　但同样明显的是，生态系统对竞争格局的影响已经很深远了。随着行业部门之间的界限不断模糊，首席执行官们将面对他们以前从未视其为竞争对手的公司和行业，他们所在的公司大多长期以来一直在传统的行业占有庞大的收入池。这种新环境将使企业按照新的规则发展壮大，并且需要不同的能力。

　　股本只会越来越高。就像生态系统已经改变了世界一样，它们在未来还会带来更多改变。但在我们探究如何引领未来的具体细节之前，值得考虑一下这个未来会是什么样子。

3
令人振奋的前进之路：
生态系统不确定的未来发展之路

　　想象一下几十年后寻常的一天。你在鸟儿的鸣叫声中醒来，环顾着昏暗的房间，缓慢轻松地步入清晨时光。你走进卫生间，在你去洗手时，你的智能家居向浴室镜子发送了一个提醒：马桶自动检测了你的尿液，其中钠含量仍然过高。这种情况已经持续了一个多星期了。上周，马桶里的传感器第一次注意到尿液钠含量增加时，管理配送服务的人工智能（AI）程序自动编辑了你本周的订单，使用了低钠的替代品。同时，测量和记录你生命体征的一套设备，从测量心率和体温的手表到你手臂上检测血液的微型皮下传感器，一直忙于分析数据，试图追根溯源。保健系统也一直在查阅你的基因组信息，以确定遗传倾向是否是一个影响因素。然而，答案仍然难以捉摸。钠含量增加的问题并没有解决。这一次，智能家居显示屏上建议与你的医生预约远程医疗来讨论这个问题，并列出了可用时间。

　　当你走进餐厅享用低钠早餐时，另一个提醒信号在你的手机上响起：天气预报员过去几天一直在谈论的大风暴预计在今晚席卷你所在的地区。你啜饮着咖啡，听着早间新闻，显示屏带着你了解它们为即将到来的风暴所做的准备：由于预测会有大风，电网很有可能会被破坏，智能家居开启节能模式，并将储备电池充满。

接下来，你的智能家居系统会调出房屋的虚拟 3D 模型，并扫描整个房屋结构，查找在暴风雨中可能出现问题的任何缺陷和漏洞。这个 3D 模型是一个复杂的在线增强现实工具的一部分，与元宇宙（Metaverse）连接，元宇宙是一个增强现实 / 虚拟现实（AR/VR）平台，在虚拟空间复制现实世界的物体。3D 虚拟模型，也被称为数字孪生，能够远程检查、排除故障和评估家中的一切，从家用电器和五金器具到房屋本身。而这正是你的智能家居系统现在开始做的事情：检查房子的屋顶、壁板、窗户和排水槽存在的任何潜在问题。

不过，在检查结束之前，你的手机又响了，提醒你该去上班了，于是你走出家门，发现你预约的自动驾驶汽车正在车道上等待。你在家收看的有关风暴最新详细信息的新闻节目，自动从家中的电视转接到车内的屏幕上继续播放，你轻松自在地拿出电脑，开始处理电子邮件，就像汽车是客厅的延伸部分一样。你凝视着窗外，晨光从附近建筑的窗户反射回来，轻轻地洒在街道两旁的树上。暴风雨可能在几个小时内就会来临，但目前阳光明媚、风和日丽。你决定步行完最后几个街区去上班，只需一个简单的语音命令，自动驾驶汽车就会停在路边让你下车，然后再加速去接下一个人。新闻节目从汽车的屏幕上无缝转接到你的手机上，但你已经获取了所需的信息，所以你把它关掉了。

当你沿着商店林立的街道漫步时，你透过窗户看着店主和店员为这一天做着准备。但在你还没走过半个街区时，你的手机上就出现了一个提醒。你的智能家居系统已经完成了检查，发现房顶上有一小部分被损坏了，暴风雨来临时，这可能会导致严重的漏水。你手机上的 3D 图像准确地呈现出损坏的情况，并估计了损坏的严重程度。只要在你的手机上点几下，系统就会自动为你寻找并匹配一位远程技术人员，技术人员会察看房屋的虚拟模型，找到漏水的确切位置，并安排一个由无人机调遣的维修机器人，在一小时内修复受损部分，从而有效防止屋顶在风暴中漏水。

当你经过一家花店时，手机又响起了一个提醒，再次让你停下脚步。今天是你妹妹的生日。你好几个星期前已经在日历上看到日期临近了，但一直将买礼物的事情拖延到了最后一刻。但事实上，你很幸运，因为生日提醒是由你面前的花店所使用的一个高级营销平台发出的。你的妹妹在其他使用该平台的商店购物，并选择了分享她的喜好。由于营销平台被数以百万计的客户和企业所使用，它可以获得大量的数据，并且这些数据都是共享的。因此，该平台存储了很多信息，比如，它知道你和你妹妹是一家人，知道今天是她的生日，知道你通常在她生日时给她买礼物，知道她喜欢花，知道你此刻正好路过一家花店。原来是这家花店的兰花过剩，请营销平台协助推销这些兰花。根据你的位置数据，该平台随后提供了一张个性化优惠券，建议你选择兰花作为生日礼物，并给你五折优惠。你跑进花店买了兰花，然后继续去上班。

你很快就来到了你已经经营了十年的小公司。你坐在办公桌前，开始新的一天，登录从一开始就使用的小企业服务平台，该平台是一个集管理服务、会计、信息技术等为一体的门户网站。该门户网站几乎可以满足一个小型企业的所有需求，包括预测现金流，寻找最佳银行供应商，并直接连接到消费者营销平台，碰巧的是，正是这个平台使你避免了忘记自己妹妹生日的尴尬。在过去的几周里，你公司的一种产品一直库存过剩，因此你决定进行一场营销活动。现在你处于另一种情况。根据你的销售历史以及与小企业服务平台共享的其他数据，其先进的人工智能确定了一个购买可能性高的买家库。根据买家们的位置数据、购物模式及其所跟踪的任何其他变量，该平台将在正确的时间、正确的地点，通过正确的个人信息、正确的渠道向这一客户群体提供个性化的报价，就像你一大早收到的那份报价一样。因此，在接下来的几天里，正如那家花店能够以如此精确和个性化的方式锁定你一样，你将能够锁定那些非常适合你公司产品的目标客户。

只需敲击几下键盘，营销活动就开始了。整个过程在几分钟内即可完成。

生态系统将持续发展

　　所有这些听起来可能有点异想天开，但这样的一天真的会在不远的未来成为现实。正如我们已经讨论过的，生态系统重塑我们周围世界的速度只会继续增加。近年来发生的巨大变化仅仅是个开始。不久之后，生态系统将带给我们超出想象的能力和便利。生态系统也将颠覆全球经济，带来巨大的机遇以及极大的风险。

　　站在这样一个重大变化的风口浪尖，我们有必要认真思考生态系统未来将如何发展，以及我们可以做些什么来为此做好准备。然而，我们首先应该明确的是，我们没有一个水晶球能够预卜未来到底会发生什么。我们往往认同马克·吐温或约吉·贝拉（Yogi Berra）[1] 所说的那句名言，但实际上这句名言的出处并不明确："预测是危险的，尤其是对未来的预测。"预测未来是如此充满未知，我们要认真对待。这意味着我们要非常清楚我们能预测什么以及不能预测什么。试图确切指出未来的具体事件或发展情况是一件愚蠢的事情。不过，即使只是对可能发生的事情有一个大致的了解，也是非常有用的。如何能够有效地做出有根据的猜测，值得我们花时间去思考。

　　让我们首先对上一章中探讨的两个趋势做一些有根据的猜测：技术创新的加速和消费者行为的快速转变。诚然，技术

---

[1]　美国纽约洋基队棒球球星。——编者注

的进步一直存在变化性，未来还会继续发生变化。技术发展有时会放缓，有时也有快速突破，这两种情况都很难预测。展望未来，我们预测技术进步的速度将继续加快，但要准确预测其发展情况是极其困难的。即将实现的一些技术发展有望进一步加快技术进步的步伐，甚至重新定义计算机的工作方式和工作能力。例如，研究人员已经在量子计算领域取得了惊人的突破，在未来几年，我们可能会看到量子计算机将使人工智能和机器学习的能力提高到前所未有的水平。与此同时，企业家和技术专家正在努力创造一个去中心化的新型互联网，通常被称为互联网3.0（Web 3.0），这可以进一步降低成本，同时提高安全性和隐私性。

　　不管技术进步如何变化，可以明确的是，我们几十年来看到的技术发展趋势会继续下去，尤其是它们有助于生态系统的发展和扩散。其结果是，不同经济部门之间的边界将越来越模糊甚至被打破，使越来越多的人能够获得生态系统的便利和能量。公司收集和处理数据的成本将更低，同时为客户提供新型整体性端到端服务的成本也会更低。

　　但技术进步只是推动生态系统出现的两种力量之一。我们还必须考虑消费者行为在未来将如何继续变化。此处的答案也是相当明确的：影响我们参与经济活动的基本人类需求不太可能发生重大变化。所有的激励措施都将继续促使我们选择生态系统产品。就演变程度而言，我们的消费行为很可能会继续朝着目前的方向发展。换句话说，这将使人们越来越容易接受生态系统产品，并且更加期待生态系统产品带来的便利。正如前一章所述，消费者在一个领域体验到从未体验过的便利时，很快就会在其他领域也期待这种便利。因此，当消费者习惯于通过智能音箱在线语音订购产品时，很快就会期望从银行或保险公司获得同等水平的便利。人类将继续重视快速且轻松地满足自己的需求，并将其作为各自无缝体验的一部分。因此，人们将继续青睐那些能够跨越不同经济部门之间界限的企业和平台，利用技术来提供完全一体化的体验。

纵观全局，我们可以自信地说，生态系统在社会中将越来越具有主导性。问题不在于生态系统是否会发展，而在于它们未来会是什么样子，会发展成什么样子。除了技术和消费趋势，我们还可以研究许多其他因素来帮助我们回答这些问题，比如我们在可持续发展方面所做的努力、全球地缘政治的发展方向以及关于数据监管的辩论。我们稍后将在本章讨论这些问题及其对生态系统发展的影响。我们首先要考虑一下，未来最基本的生态系统会是什么样子？如果部门之间的边界消失，那么什么结构将取而代之？新兴的生态系统将如何被组织？

新兴生态系统

根据现有研究对技术进步的轨迹分析以及对其发展趋势的深入了解，我们可以对生态系统将继续以什么样子出现做出一些有根据的猜测。但这些了解本身是不够的。为了真正了解生态系统将如何发展，以及随着行业之间的边界不断消失，经济将是什么样子，我们需要了解更多的东西。生态系统的驱动原则是围绕客户建立的，也就是在深层次上满足客户的需求和欲望。这与以行业为基础的传统经济形成鲜明对比，这种经济根据行业之间的历史划分来理解需求。因此，如果我们要全面了解生态系统未来的样子，就必须首先从心理学中了解人类的需求。

任何修读过心理学入门课程的人都知道，人类的需求是心理学的核心研究领域之一，因此，大量的时间和注意力都被用于研究人类的需求。在这些丰富的研究中，出现了许多不同的人类需求分类体系，有些体系比其他体系更精细。也许我们最熟悉的是美国心理学家马斯洛的需求层次理论，他在 1943 年的一篇学术论文《人类动机论》（*A Theory of Human Motivation*）中描述了这一框架。马斯洛通常以金字塔的形式来描述对人类需求的分类，他认为满足生理和安全等更多的基本需求是满足自尊心和求知欲等较高层次需求的前提。

然而，尽管马斯洛的需求层次理论很受欢迎，并且有充足的理由被广泛研究，但它并不是分析企业和人类需求交点的合适工具。为此，我们更倾向于智利经济学家曼弗雷德·马克斯–尼夫（Manfred Max–Neef）提出的一个框架。在几所不同的大学（包括加州大学伯克利分校）担任经济学教授期间，马克斯–尼夫游历了拉丁美洲的许多地方，他花费了大量时间研究拉丁美洲的贫困社区。几年后，他在1986年写了一篇文章，勾勒出一种新的组织方式，他称之为基本需求，其中包括生计、生存、保护、情感、理解、参与、休闲、创造、同一性和自由。

生态系统的核心是围绕人类的需求和欲望形成的。不同经济行业之间的界限产生于与人类需求和欲望无关的安排协调问题。因此，生态系统的兴起是人类真正需求的表达，并通过技术和组织的进步而成为可能。因此，未来随着技术的不断改进，我们将看到人类的需求和愿望在生态系统的组织中被表达得越来越清晰。

虽然很难准确预测这将会是什么样子，但是随着行业不断整合成新的形式，这些生态系统如何发展的可能性值得花时间思考。与其说这是一种预测，不如说是一种想象力练习，可以帮助我们更好地理解这种重组将带来的重大变化。

从马克斯-尼夫的理论框架中，我们可以推断出人类需求转化为消费行为的一些特殊和具体的方式，从中我们可以瞥见一些可能正在形成或可能在未来形成的生态系统（见表3.1）。为此，我们从马克斯-尼夫的框架中最相关的几个基本需求开始：生计、生存、保护、情感、休闲、创造和理解。从这些需求中，我们可以推导出一系列更实际的需求，这些需求与我们作为个体消费者的行为直接相关，并且，这些需求可以反映出我们可能期望在未来看到什么样的生态系统。因此，从生存的基本需求中会衍生出一些需求，如对生存必需品的需求，或对身体和精神健康的需求。从生存必需品的需求中，我们可以推测出一个商业生态系统。从身体和精神健康的需求出发，我们

表 3.1　基本需求与具有潜在生态系统演变特征的行业需求之间的关系

基本需求	衍生需求	生态系统

个人

生计 → 必需品、产品 → 商贸

休闲 → 娱乐

休闲 → 体验 → 旅游

生存 → 适应性、迁移 → 数字化体验

生计 → 身心健康 → 流动性

保护 → 内心平静、长期稳定 → 健康 / 财富 & 稳定性

创造 / 理解 → 在社区 / 政府中的意义和作用 → 人才

情感 / 保护 → 居所 → 家庭

机构

研究消费者 → 销售和营销 → 中小企业服务

获取并留住人才 → 人力资源管理

获得供应 / 资源 → 采购 → 投入市场

优化运营 → 运营能力

做出长期决定 → 战略思维

获取有形资产 → 资产管理 → 企业服务

获得资本和流动资金 → 金融服务

对利益相关者负责 → 监管与法律 → 社区 & 政府

可以推测出一个保健生态系统。同样，从保护需求这样的基本需求中，我们可以推测出对住所的实际需求，包括住在哪里或买哪所房子这样的决定，由此我们推测会出现一个以找房为中心的生态系统。同样，从对休闲的基本需求中，会衍生出诸如对娱乐的需求或对体验的需求，从这些需求中，我们推测会出现以旅行和数字体验为中心的生态系统。

当然，企业和其他组织的需求也将在塑造未来的生态系统中发挥作用，所以这些需求也必须考虑在内。马克斯-尼夫没有进一步分析组织的需求，但这些需求并不难确定，毕竟企业是由致力于一个共同目标的人类所组成的。那么，如果能够得到满足，什么是可以使企业和组织完成任务并获得成功的基本需求？据我们所知，这些需求包括客户、人力资本、获得投入和转换、优化运营、短期和长期规划、实物资产、治理和责任。同理，与个人需求一样，我们可以从这些需求中推导出一系列更实用的需求，而这些需求又可以用来识别少数新兴的生态系统。因此，从对客户的基本组织需求中，我们可以得出更多的实际需求，如对人力资源、法律、销售和营销职能的需求。从这些需求中可以推断会出现一个以中小企业服务为中心的生态系统，我们称之为中小企业服务生态系统。从对人力资本的基本需求中，我们可以推导出更多的实际需求，如对获取人才和管理职能的需求，从这些需求中，我们可以推测会形成一个教育和人才生态系统。

基于所有这些基本需求和衍生需求，我们认为，未来的生态系统将围绕许多不同的类别积聚起来似乎是合理的，涵盖企业对企业（B2B）和企业对消费者（B2C）产品。我们可以开始规划其中的一些生态系统：财富和保护、公共服务、保健、教育、娱乐、住房、出行、旅游和酒店、B2C市场、B2B市场、B2B服务以及全球企业服务。某些生态系统涉及多个不同的基本需求和衍生需求。在任何情况下，每一个能够实现的生态系统都将遵循其自身的发展历程，并且有自己的表达方式。我们特别选择了这十二个生态系统，因为它们符合马克斯－尼夫框架的逻辑，但重要的是要记住，这绝不是一个全面的考量。还可能会出现许多其他的生态系统，这些只是其中的样本。

事实上，各行业为了应对技术和消费者的变化，已经开始在更新、更广泛、更有活力的排列组合下聚集，近年，这十二个生态系统中的一些已经形成。未来，这些组合可能会以更快、更果断的方式继续整合。值得注意的是，这只是生态系统发展的一种方式，可能还有许多其他的方式。在这些组合中还有许多细微之处没有完全表达出来，例如，正如下文将探讨的那样，这些生态系统也称为宏观生态系统，经常包含更小、更局限的生态系统，称为微生态系统，而微生态系统又包含更小、更局部的生态系统，称为子生态系统。在任何情况下，十二个宏观生态系统并不会构成一个持久的结构，它们肯定会随着经济的变化和人类需求的变化而继续发展，以此来应对远远超出我们预测能力的未来事件。

这些新兴生态系统中的每一个都将为赢家提供可观的奖金，预计到 2030 年，顶级平台将可支配数万亿美元的收入池。当然，这些新战场的赢利能力将有很大的不同，这在一定程度上抵消了收入差异，预计到 21 世纪 30 年代末，每个新兴生态系统的利润池将在 0.5 万亿美元到 1.5 万亿美元之间，一组精挑细选出的赢家将抓住这个巨大的优势（见图 3.1）。

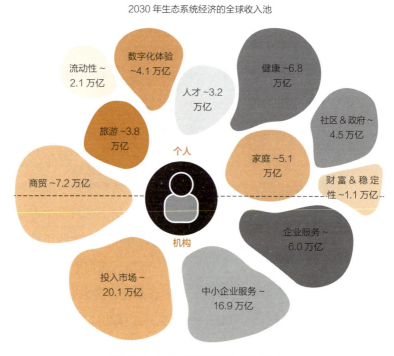

2030 年生态系统经济的全球收入池

图 3.1 生态系统经济的发展潜力

在图 3.2 中，能够看出有些正在形成的生态系统可以组合在一起，但它们会是什么样子呢？表 3.2 描述了我们想象中的生态系统将不同的整体需求组合起来，在其领域内可以找到几个相关的子生态系统，将其与其他相邻的生态系统连接起来。

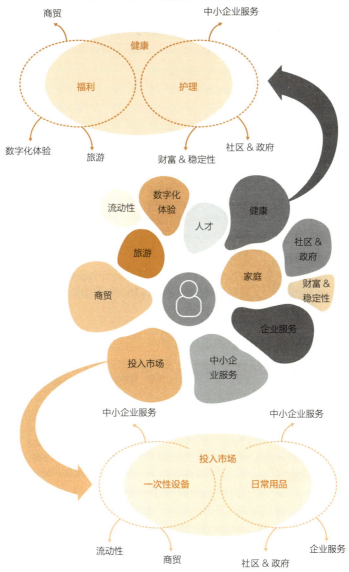

图 3.2　每个生态系统与其他几个生态系统相互关联

表 3.2　十二个新兴生态系统

出行

经常使用的个人出行相关解决方案和服务，包括：车辆购买和维护管理、共享出行、拼车、公共交通、交通管理、车辆连通

家庭

涵盖了房产购买、租赁和投资的整个过程，包括：房产寻找、融资、法律和行政服务、翻新、设计、搬家、维护

数字体验

全系列的直接产品或用户生成的数字内容，包括：音频、视频、图像、新闻、广告和互动数字娱乐服务，如社交媒体、游戏、赌博

人才

义务教育、自愿学习和终身学习的教育解决方案，包括：互动型、个性化的学习辅助工具、数字教育内容

健康

综合的个人健康、医药和保健服务，提供个性化治疗、远程支持、个性化药物、保险、健身解决方案

旅行

数字化、基于平台（数字和非数字）的酒店、住宿和旅游服务，包括：在线酒店预订、点对点（P2P）住宿、长途陆路旅行、水路和航空旅行、娱乐、餐饮、水上和空中旅行、娱乐、餐馆

社区与政府

（数字和非数字）政府服务，包括：社会保险和其他集中的行政服务

续表

财富与稳定

长期储蓄和财务保护需求，聚合成单一的数字产品，包括现有的个人金融服务：资产管理、人寿保险、私人银行

企业服务

大型企业业务运营相关的服务需求，以真正的全球业务需求为目标，包括：并购、金库、大型 IT 服务、战略咨询

中小型企业服务

中小型企业业务运营相关的服务需求，包括：记账、开票、业务管理、工资、法律、税务、商务旅行和商业智能服务

投入市场

满足整个供应链上采购货物的 B2B 需求，从供应管理、融资、交易、仓储、运输到需求计划、生产管理和预测性维护

商贸

通过数字和实体市场解决（零售）商品和服务的购买需求，无缝打包提供：支付解决方案、消费者贷款、忠诚度计划、物流、企业的客户关系管理 / 销售管理

雏形。不可避免的是，其中一些描述可能听起来与专注于相同需求的传统行业非常相似，例如，房地产行业与住宅或住房生态系统有很多重叠之处。当然，生态系统是更有活力的形式，当生态系统跨越传统经济行业之间的界限时，其产生的效果最好，而且我们一直试图强调生态系统与其之前分门别类的行业有何不同。

为了证明这些新兴生态系统将拥有的力量，让我们仅对其中一个生态系统进行更详细的研究。以教育和人才生态系统为例。在未来，随着行业之间的边界不断消失，我们将看到教育、就业市场和数字领域的部分内容汇聚成一个新的生态系统，其中数字平台将所有这些功能连接成集成无缝的客户主张。这些命题将为学习、个人成长、娱乐和找工作创造更加多样化的新选择。教育和人才生态系统的参与者极有可能将与学校等传统教育机构合作，最终彻底改变其运营方式。我们所知道的学校系统，从小学到大学及以后，都将发生转变，提供更广泛的学位以及更多的远程学习可能性。由于有能力提供更多沉浸式和个性化的在线远程学习选择（就像 Coursera 这样的公司已经出现的那样），最大和最有声望的学院和大学将能够接触到更多的学生。那些没有名气或知名度的学校可能会陷入困境。

但教育和人才生态系统运营的平台，其功能也将远远超出传统教育系统。除了大学课程，所有年龄段的用户都将有机会获得实用技能并获得执照或证书。想象一下，在你学习大学历史课程的同时，通过同一款应用程序获得驾驶执照或心肺复苏术证书。这些平台也将日益模糊教育和娱乐之间的界限，提供一个教育内容市场，这些内容来自非常有吸引力的创作者，他们将互相竞争，争夺学生。复杂的算法将优化每个人的体验，不断监测学生的兴趣和技能，将他们与类似水平的学生配对，并提供一个高度个性化定制的学习体验。重要的是，生态系统还将连接到就业市场，利用其对学生的技能、优势、弱点和成就的深入了解，将学生与最适合的工作相匹配。而且，这不会在一个人找到第一份工作后停止，相反，生态系统将提供广泛的长期终身学习选择，帮助员工在其职业生涯中不断进步，甚至可以为退休人员提供丰富的活动。

在此只是举例说明未来不同的行业将如何融合成全面满足客户需求的生态系统。展望未来，公司将不得不仔细考虑自己在这一格局中的位置，以及如何调整自己的业务，以便在他们决定追求的任何生态系统中表现出更大的竞争力。然而，一些公司可能会发现，他们最擅长的是满足并不完全适合单一生态系统的消费者需求，这些需求更加专业或特殊。这些公司会发现，他们是在我们所说的微生态系统中发挥作用。我们一直在探索的宏观生态系统包含了不同但相关的广泛客户需求，而微生态系统的关注范围比较窄，并且经常跨越宏观生态系统的边界。

然而，我们预计这些微生态系统将以一种不断变化的状态存在，不是围绕着我们人类的基本需求，而是围绕着那些可能证明是更短暂的需求进行组织。我们可以识别其中的一些微生态系统，但它们会随着环境的变化而变化，比宏观生态系统变化更快，这样会导致一些微生态系统逐渐消失，而另外的一些则取而代之。

现在我们已经探索了一些可能在未来获得发展的生态系统，它们的巨大潜力有望变得清晰。到目前为止，人类只是触及了它们表面所能提供的东西。当我们继续试图了解生态系统在未来可能的发展方向时，需要仔细思考影响生态系统进化的各种驱动因素，也就是说，思考可能影响其轨迹、形状和规模的因素。虽然有很多这样的因素，但我们将在此集中思考最重要的几个因素，包括不断变化的地缘政治格局、监管（尤其是数据监管）、应对气候变化的必要性，以及可能加速发展的人工智能、网络安全、空间推进技术、生物技术和纳米技术。

地缘政治

让我们从地缘政治学开始。尽管地缘政治有许多不同的方向，而且不同的方向之间有多个层面的细微差别，但问题的核心是一个二元对立问题：世界将变得更加全球化还是更加区域化？

在 20 世纪的进程中，随着新技术的进步，国际贸易更加高效，世界变得越来越紧密。在第二次世界大战结束之后，由美国和其他国家倡导的一系列国际协议促进跨国贸易达到了新的水平。到了 20 世纪末，随着苏联的解体，世界贸易组织的建立以及互联网的兴起，全球化进程继续加快。世界经济论坛（World Economic Forum）的一份报告的结论是"全球化极大加强"。在 21 世纪的前十年，全球出口额达到了一个新的高度，上升到了全球人均国民生产总值的四分之一。贸易，即进口和出口的总和，也随之增长到全球人均国民生产总值的一半左右。全球大多数人从中受益：全球中产阶级人数比以往任何时候都多，数亿人通过参与全球经济达到这种水平。

但是，从20世纪迈向21世纪，世界各地的许多政治家和普通人开始对全球化的好处持怀疑态度。正如世界经济论坛的报告所言："特别是在欧美，许多中产阶级工人已经受够了导致经济不平等、社会不稳定以及（在一些国家）大规模移民的政治和经济制度，尽管全球化也带来了经济增长和更便宜的产品。保护主义、贸易战和阻止移民再次成为许多国家的常态。"这种日益严重的不安甚至会蔓延成老对头和意识形态上的敌人之间的战争姿态。

放眼未来，全球化的命运如何还很难说。我们是否会看到国际主义和世界不同国家之间的合作再次兴起？我们甚至会看到欧洲联盟和联合国等国际组织以及自由贸易协定得到加强吗？或者我们会看到各国继续向内发展，建立民族主义政治联盟，并提高酝酿已久的意识形态冲突的可能性，甚至可能导致战争？

这在很大程度上取决于这些问题的答案。在一个更加和平的国际主义世界中，我们可能会看到国家之间更多的合作和贸易，公司将因此更容易在不同的市场上运营，利用更大的数据池来满足客户的需求。在一个更加内向的民族主义世界，我们将看到更多的公司和生态系统只在某些地区或国家运营，并专门为适应该地区的需求而发展。

为了更仔细地研究生态系统的后果，我们想象一个可能的结果。让我们假设世界变得更加分散和区域化，每个国家或地区都走自己的路。在这样一个世界里，国际贸易将受到影响，因为国家边界变得越来越坚固且有争议，而不是开放和自由。

但这种关系断裂可能有许多不同的形式，不一定意味着简单的西方与东方的断裂。也有可能，在全球化与区域化的二元问题上没有明确的答案，我们将看到一个不同模式并存的世界，某些地区和国家在文化上开放，在经济上与国际社会融合，而其他地区和国家则更加孤立。

不过，无论采取何种形式，这种地缘政治环境断裂的情景都将对潜在生态系统的规模、形状和范围产生巨大影响。即使通过在自己的国家或地区爬到山顶而获得难以置信的力量，公司在试图向其他地方扩张时也会面临令人望而却步的艰险挑战。除了在国际上做生意的高额基础成本，公司还必须与复杂的监管和政府障碍作斗争。许多国家可能会因为意识形态的，甚至是公开的冲突而禁止在特定国家做生意。

由于在许多国家有如此高的隐形壁垒，可能很少有生态系统的参与者能够将其触角延伸到世界的每个角落。因此，每个国家都会发展自己的技术平台巨头。国家或地区内基于生态系统的竞争将会异常激烈，但这种情况在国际上几乎不存在。

主要监管变化

地缘政治的方向是生态系统演变的最重要驱动力之一，而另一个驱动力就是监管实践的方向，特别是数据监管。原因是，随着传统行业之间的边界在未来几年继续消退，公司将发现自己会陷入激烈竞争中，不仅是与其传统对手竞争，也会包括与其从未想过要面对的参与者竞争。他们的成功或失败将不是由市场份额而是由客户所有权来衡量。要在这方面获胜，数据将是至关重要的。因此，我们预计，随着时间的推移，目前获取越来越多数据的热潮只会愈演愈烈。不太确定的是，管理这些数据所使用的规则是什么。我们将生活在一个共享数据的世界里，在这个世界里，是政府迫使公司与他人共享其数据，还是一个数据集中在一群参与者手中？

要回答这个问题，让我们从另一个问题开始：谁拥有这些数据？答案显而易见，我们拥有，人类拥有。我们谈论的数据是关于我们的数据，由我们产生，无论它们是关于你的遗传数据（可能对健康生态系统的参与者有用），还是关于你的购物习惯数据（可能对商业参与者有用）。摆在我们面前的问题是如何监管这种所有权，以及对其制定什么政策。在这个问题上，有各种不同的观点。一些观察家指出，当消费者注册服务，如注册社交媒体平台时，他们自愿放弃其数据权，这些服务收集数据并将其货币化。当然，这些平台是免费的，人们只是从其数据中得到一些回报。因此，有人说，虽然这些数据可能一开始就是他们的，但他们已经把它交易掉了。还有人说，大公司在欺骗消费者，让他们放弃太多，而得到的回报太少，这些批评者主张强迫公司向消费者支付一笔钱来交换他们的数据。

然而，这涉及的更大问题（尽管是相关的）是数据是否应该被共享或由一群集中的参与者所拥有。如果客户是他们数据的真正合法所有者，那么为何某家公司会对这些数据比其他公司拥有更多的权利？一些分析家和政策制定者认为，政府应该要求公司通过开放型应用程序接口（API：Application Programming Interface），使数据成为一种开放的资源或一种实用工具，而不是公司自己保留的特权商品。他们说，这样做会促进创新，因为任何初创企业或竞争对手都有机会利用现有者享有的相同数据，建立更有效的价值主张。这种理念在实践中的一个例子是对欧洲银行的监管。2015 年，欧盟通过了经修订的《支付服务指令》（即 PSD2），其中要求银行与第三方安全地分享客户数据，以便其他金融机构能够访问这些数据。其目的是让客户对其数据有更多的自主权，并通过公平竞争鼓励更多的创新企业和银行之间的竞争。在此后的几年里，监管的转变所产生的影响没有分析家预测的那么大，但它仍然迫使银行通过加速竞争来改善其主张，他们不能再安逸地独享自己的数据储备。这还为未来更大规模的开放数据框架如何运作提供了启示和可能的模式。

这场分享或集中辩论的结果，将对未来的经济组织方式和生态系统产生巨大的影响。如果未来的数据监管机构倾向于更集中的模式，而公司只能囤积其数据，那么在位者的优势将大大增加，这反过来又会引发某种数据储备竞赛：哪家公司能够更快地积累更多数据，就会赢得令人垂涎的位置，成为最强大的生态系统参与者，任何竞争者都很难将其赶走。因此，我们可能会看到一小部分公司越来越强大，以至于较小的参与者可能会变得相当难以竞争。另一方面，如果未来的数据监管机构倾向于共享模式，我们将有可能看到新公司不断涌现，快速启动、飞速发展和倒闭。小型和大型企业将在一个或多或少公平的竞争环境中并肩作战，每个人都被要求分享自己的数据，这将更像公共服务而不是专有资源。

作为一个思想实验，让我们考虑后一种情况的影响。似乎极有可能的是，未来客户将享有合适程度的隐私保护，并将获得许可来控制如何使用自己的数据。问题是，一旦这些数据落入公司之手，将如何加以监管。让我们假设这样一种情况：像欧盟的 PSD2 那样的共享数据政策在全球蔓延，在这种情况下，许多不同的政府在相对较短的时间内接受了这样的想法：迫使公司通过开放型 API 共享其数据，将促进竞争和创新。在这种情况下，企业会发现自己正在进行激烈竞争，其核心不是谁能最快地积累数据，而是谁能设计出最佳的价值主张，并呈现出最佳的客户体验。这些公司不仅会面临来自传统对手的激烈竞争，还会面临来自初创企业的竞争。尽管现有的公司因其全球影响力和庞大的规模而有相当大的优势，但政府实施的开放型 API 制度将为新公司提供强有力的反击武器。在现有对手的一些能力基础上，初创企业将可以自由地追求创造性和非正统的新战略，其进入门槛比现在的新公司要低得多。我们可以看到，强大的新公司似乎在一夜之间就会出现。

但即使在这种情况下，如果一个更广泛和更普遍适用的

PSD2 版本在全球范围内流行起来，不同地区仍有可能出现不同的结果。这是因为许多国家和政府对个人和社会之间的关系有着截然不同的基本理念。我们可以想象，像欧盟这样传统上倾向于社会民主治理形式和国家发挥更大作用的地区，会更倾向于支持这种强制数据共享的政策。像美国这样的个人主义社会也有可能加强个人对其数据的所有权和强有力的隐私保护，但可能更倾向于通过传统形式的监管来实现这一目标。像中国这样的国家，政府的监控和审查是可以预期的，可能会采取完全不同的方式。

所有这些结果都将对生态系统在世界不同地区的发展产生重要影响，并决定哪些参与者将在发展生态系统方面发挥重要作用。在采用强制数据共享系统的地区，我们可能会在几十年后看到新一代的生态系统驱动的技术平台崛起，并在某些情况下取代现有的技术平台。在那些倾向于采用传统的、干预较少的数据监管方法的地区，我们更有可能看到许多今天在该领域占主导地位的相同参与者。拥有先发优势的现有企业将更好地集中其优势，实现网络效应，新企业想要追赶更加困难。

环境、社会和治理（ESG）

另一个将对生态系统的发展产生重大影响的因素是气候变化。尽管我们可能不希望出现这种情况，但现实是，气候变化已经发生了，我们已经看到人们的日常生活被极端天气事件打乱。专家们预测，尽管我们尽了最大努力，但气温将继续攀升，飓风、干旱、野火和洪水等天气事件将变得更加极端、更加频繁且更加不可预测。这种情况发生的速度有多快，影响有多严重，以及人类将如何快速和果断地做出反应，都有很大的不确定性。根据"气候行动追踪"研究小组的科学家们的分析，21世纪第二个十年有"一个避免气候变化最严重破坏性影响和引导世界走向净零未来的机会"。在2014年《巴黎气候协议》签订之后，人类在限制碳排放和其他排放以及减轻最有害的环境影响方面取得了明显进展，但是"气候行动跟踪"的报告明确指出，我们做得依然不够："仍然有可能将全球变暖限制在1.5摄氏度（2.7华氏度）"，人们普遍认为这是避免气候变化带来最具灾难性的影响所必需的水平，但要做到这一点，"将需要在每个领域进行快速、深远地转变，从电力、建筑、工业和运输到土地使用、沿海地区管理和农业，以及立即扩大碳去除范围和增加气候资金投入。"

无论人类如何应对这场危机，这都将在塑造生态系统方面发挥重要作用。设想一下我们能够做的必要之事，在全世界，从中国到印度，到美国，到俄罗斯，都有一股支持立即对气候变化和可持续性采取有意义行动的浪潮。让我们假设，在未来的几年里，这方面会有比过去15年更多的进展，人类共同认识到我们所面临的困境的严重性，并克服旧有的意识形态分歧，合作制订真正符合当前形势的解决方案。

实现这一目标需要付出巨大的努力，这将对社会的组织方式和生态系统的发展产生深远的影响。随着传统经济行业之间的边界不断消失，人们在可持续发展方面的努力可能会塑造现有的生态系统，并成为新生态系统的动态试验场。事实上，我们有可能看到致力于减轻气候变化的影响的微生态系统的形成，并帮助消费者通过做出更有意识的决定来履行自己的责任。我们记得，微生态系统经常跨越几个或更多更广泛的宏观生态系统，关注气候的微生态系统情况肯定也会如此。事实上，实现 1.5 摄氏度的目标所需的可持续性努力将是如此广泛和多方面的，甚至这个微生态系统也可能包含一些不同的子生态系统。一些努力可能集中在植树以及使人们能够跟踪所购买的产品或所做的投资对环境的潜在影响，而另一些努力可能集中在碳捕捉等技术上，这是一个将二氧化碳从排放物或大气中移除并回收或储存的过程。

另一个潜在的子生态系统可能与实验室培育的肉类有关。牛所排放的甲烷是导致气候变化的主要因素之一，作为回应，许多环保主义者理性地呼吁人们减少肉类消费。然而，最近得到颇多关注的另一个解决方案是利用生物技术的最新进展，在实验室中种植人造肉，这种肉与我们今天吃的肉基本上没有区别，但不需要屠宰动物。民意调查显示，到目前为止，人们对这种替代方案的兴趣不多，但许多人认为，大幅减少动物虐待和温室气体排放的前景，将足以说服持怀疑态度的消费者忽略这种最初似乎令人不快的选择。科学家和企业家都已经开始投入大量的精力和资源来使其成为现实，但几乎所有人都认为实现它还需要更多的研究。一旦这些问题得到解决，一个子生态系统的形成可能是使实验室培育的肉类成为现实所需的最后推动力。实验室培育的肉类要想大规模生产并真正发挥作用，还需要生物技术和农业之间的密切合作，这是生态系统发挥作用的理想开端。

人工智能的突破

在这一章中，我们首先研究了可以在一定程度上预测的变量：技术和消费趋势，两者都明显地指向了生态系统的持续扩张和传统经济部门之间边界的持续模糊化。然后，我们转向不太确定的变量，如地缘政治和数据监管，这可能对生态系统的发展产生深远的影响，但预测起来更具挑战性。然而，还有一些其他更极端的驱动因素，有可能带来更夸张的结果。也许历史告诉我们的一个最重要的教训是，不太可能的或看起来很牵强的可能性往往会造成最严重的后果。忽视这些可能性就会带来危险。

其中一个驱动力可能是人工智能技术的突破，使我们实现真正的人工智能，或具有类似人类能力的人工智能。尽管人工智能研发人员近年来已经取得了非凡的成就，但离真正的人工智能的目标仍然比较遥远。根据科技记者詹姆斯·文森特（James Vincent）的说法，"迄今为止，我们已经建立了无数在特定的任务上是超人类的系统，但在脑力方面，没有一个能比得上老鼠。"文森特接着引用了最近领先技术研究人员的调查，他们预测在 2100 年后才有可能实现真正的人工智能。

然而，可以想象的是，人工智能研究人员可能会有一些发现，这些发现加快了他们的研究工作，因此，我们可能会更快地实现真正的人工智能，也许就在未来的几十年。如果这种情况发生，对生态系统发展的影响是巨大的。一些可以快速有效地应用人工智能进步的生态系统将加速发展。例如，出行生态系统可能会快速发展，因为真正的人工智能可能会激发自动驾驶技术的革命。随着人工智能将元宇宙等平台提升到前所未有的水平，我们也将看到可能性会迅速扩大。许多生态系统的规模也可能会扩大，因为人工智能的力量有助于释放它们的能力。其他人会利用新的力量来追求全新的生态系统，要么从人工智能的新应用中创建自己的微生态系统，要么在现有的生态系统中找到新的位置。例如，由人工智能驱动的生态系统有可能导致这样一种情况，即每个人都有自己的个性化人工智能程序来满足他们的需求，在医疗保健、食品采购以及小企业管理等领域为他们导航。总之，这种人工智能的突破将引起应接不暇的经济活动，为生态系统的发展打开重要的新途径。

元宇宙

塑造生态系统未来的另一个重要驱动力是元宇宙的增长和演变。我们已经提到的元宇宙是一个沉浸式的数字环境，利用增强现实（AR）、虚拟现实（VR）和扩展现实（XR）技术来连接人们、企业和其他机构。许多公司都在基于元宇宙工作，实现从游戏到远程会议再到社交网络的各种功能。它带来的一个困难是其定义问题，元宇宙对不同的人意味着不同的东西。然而，风险资本家马修·鲍尔（Matthew Ball）提供的一种解释已被证明具有较大的影响力。鲍尔写道，元宇宙是"一个由持久的、实时渲染的 3D 世界和模拟世界组成的庞大网络，它支持身份、物体、历史、支付和权利的连续性，并且可以由实际上无限数量的用户同步体验，每个用户都有个人的存在感。"

元宇宙的大部分承诺尚未实现，但其背后的能量正在增加，成群的企业和企业家已经在探索利用其能力的方法。当这种情况发生时，将对生态系统的发展产生重大影响。比起目前基于互联网和移动应用的生态系统平台，也许元宇宙将成为一种强大的手段，将不同的业务和服务整合成一个精简的价值主张，全面满足客户的需求。在移动界面上浏览不同的应用程序，用户将能够在数字环境中与他们的化身无缝移动，与不同的业务产品进行互动，选择和比较服务，最终进行购买。

从这个意义上说，元宇宙本身就可以成为一个生态系统，催生出众多的微生态系统和子生态系统。它也可以成为目前一些最大和最成熟的生态系统的支柱或推动者，例如，如今最大的在线商务生态系统将其所有的服务和产品以及所有的第三方供应商，整合到一个沉浸式的互动体验中。购物者可以在购买前检查产品的 AR/VR 数字孪生，或者使用虚拟试衣间来试穿衣服。我们还可以考虑一下元宇宙对出行生态系统的影响，仅举一个例子，如果每个汽车公司都通过元宇宙向技术人员提供 AR/VR 数字孪生，那么车辆的维护和修理就会完全改变。总的来说，如果元宇宙继续扩大并蓬勃发展，它将成为生态系统增长的重要催化剂，以及许多生态系统运作的一个组成部分。

互联网 3.0（Web 3.0）

然而，元宇宙并不是数字连接的唯一变革性新愿景。许多技术人员和商业人士都在谈论所谓的互联网 3.0（Web 3.0）或互联网 3（Web 3）。虽然 Web 3.0 的定义比较宽泛，但它是互联网的一个去中心化版本，它从社交网络到市场的系统不像互联网当前的基础设施和领先公司那样，由自上而下的层级结构管理。将取代这些层级结构或其他自上而下的基础设施——Web 3.0 及其组成部分由所谓的区块链组织和驱动，这是一个分散的系统，使用不同位置的计算机来保存某些数据的集体和公开记录，如交易记录。区块链也是比特币等加密货币的基础。凭直觉可知，Web 3.0 是由 Web 1.0 发展而来，Web 1.0 指的是 20 世纪 90 年代互联网的早期，当时电子邮件、网络聊天和基本浏览是许多人都可以使用的一些最先进的功能。Web 2.0 出现在 21 世纪第一个 10 年，大公司在互联网上积累了更多的话语权，开始更显著地塑造互联网，社交网络、强大的搜索引擎和在线零售市场使互联网上的用户数量增加了几个数量级。现在，Web 3.0 代表着将一些权力转移到不同的群体和个人身上，尤其是用户本身。

Web 3.0 提供了大量的机会来发展当前的生态系统，以新的方式为其提供动力，或形成新的生态系统。在社交网络领域，有一些占主导地位的参与者，虽然这些参与者创造了巨大的价值，但他们也获取了其中很大一部分价值。Web 3.0 为在更广泛的群体中分配这种价值并用于更广泛的目的提供了可能性。此外，Web 3.0 的去中心化组织提出了一个有趣的问题，即企业如何将其纳入他们的生态系统，它甚至可以推动全新生态系统结构的创建。目前，我们还没有看到 Web 3.0 如何推动生态系统的发展，但似乎可以肯定的是，这种向去中心化系统的基础转移将对数字和实体企业的社区产生巨大影响，这些企业跨越行业边界，全面满足客户的需求。

去中心化金融（DeFi）

区块链不仅对 Web 3.0 等技术有许多广泛的影响，而且它也在改变金融世界，这也将对生态系统的发展产生重要影响。这也许在被称为去中心化金融（DeFi）的兴起中最为明显。正如《商业内幕》（*Business Insider*）的一篇文章所解释的，DeFi 是"一个发生在公共区块链上的全球金融系统"。其工作原理是在本质上消除"金融交易中的中间人"。因此，当你购物时，不是让你的银行或信用卡发行商成为你和商家之间的中间人，而是使用数字货币，并拥有直接使用它的所有权。随着 DeFi 的发展和演变，我们将看到一个完全不同的金融系统的出现。如今，我们认为金融机构存在的一个主要目的是吸收存款和发放贷款，但如果这些任务可以通过区块链等安全、低成本和可扩展的技术来管理，会发生什么？

我们可以预计金融业将是会受到最严重干扰的行业之一。不仅其分销会被破坏，而且其核心价值主张和商业模式也会被破坏。随着生态系统的发展和演变，我们可能会看到金融业被不同的生态系统分割和吞噬。许多目前并入银行和金融服务的服务更适合新兴的生态系统。例如，与银行提供的其他服务（如信用卡或储蓄账户）相比，抵押贷款与住房生态系统的关系更大。信用卡服务与商业生态系统的关系要大得多。汽车贷款与出行生态系统的关系更大。诸如此类。随着 DeFi 削弱金融业的核心主张，我们可能会看到其中许多功能脱离出来，成为专注于基本客户需求的综合生态系统产品的一部分。这本身就是生态系统结构的一个重大变化。预见到这一点的银行（例如，俄罗斯联邦储蓄银行和加拿大皇家银行）已经在努力成为更广泛的生态系统的协调者。

但在更极端的情况下，DeFi 对金融的破坏可能发生得非常迅速和彻底，以至于它将在更广泛的层面上重塑生态系统。首先，它将从根本上改变支付的方式，特别是在支付技术仍然非常传统且过时的市场，如美国。对于这些市场来说，DeFi

最重要的成果之一将是它能够实现任何一方对任何其他方的即时、免费和安全支付。目前，支付运营商拥有巨大的话语权和影响力，他们的产品在许多不同的生态系统中处于核心地位，但如果 DeFi 对金融业的破坏像一些人预测的那样迅速和明显，这些参与者可能会被剥夺他们的特权地位。另一个更重要的结果是，DeFi 将改变银行资产负债表的运作方式，我们将看到全新的 P2P 平台和 DeFi 公司出现，它们拥有庞大的客户群、即时的广泛吸引力以及零边际成本。由于这些优势，这些参与者将比今天的任何金融机构都更积极地挑战最大的科技公司。这些公司将比今天的银行更单薄，但它们可能也会更广泛，而且成本更低。最重要的是，它们将有基础能力成为强大的生态系统协调者。最终，一个极端的 DeFi 情景可能会导致一个强大的新生态系统协调者群体的出现，这可能会重塑我们对经济的认知。

极端网络事件

另一个可能对生态系统的发展产生巨大影响的不确定因素是网络安全的未来。网络安全威胁的存在时间与数字技术本身一样长，从那时起，随着这些威胁的演变，打击它们的技术也在不断变化。这种不断升级的"网络军备竞赛"已经持续了几十年，因为恶意行为者和网络安全专业人员都已经开发出越来越多的复杂方法来规避对方。我们现在看到的是，生态系统的出现大大增加了这一长期酝酿的冲突的风险，随着端到端的客户旅程和越来越多的数据在网上共享，风险正在呈指数级增长。我们都看到了近年来关于越来越多的勒索软件攻击和其他恶意行为者入侵的头条新闻。尽管这些攻击对其所针对的许多公司和个人来说是毁灭性的，但与即将到来的危险相比，却是微不足道的。事实是，最可怕和最具破坏性的可能性还没有发生。

我们可以想象，在基准情景下，这场"军备竞赛"将沿着目前的轨迹继续进行，任何一方都不会获得明显的优势。然而，更极端的情况是很有可能发生的。不幸的是，在这种情况下，我们预期的攻击可能会变得更加频繁且更加极端。根据最近的一份报告显示，"计算机黑客攻击已经变得非常频繁，现在平均每 39 秒就会发生一次。大多数网络攻击都是使用自动脚本完成的，这些脚本在数据库和数字地址中爬行，寻找可以利用的漏洞。"而且这个频率还在上升。但迄今为止，我们还没有看到任何严重扰乱普通人日常生活的攻击。

随着攻击频率和严重程度的增加，我们可能会看到一场真正的灾难性网络事件，比如，黑客能够使全球的支付系统瘫痪。更糟糕的是，随着复杂的技术将我们越来越多地与互联网相连，黑客和其他恶意行为者将找到越来越多的方法来利用这些连接。例如，智能家居技术、自动驾驶汽车或其他物联网（IoT）技术。如果一个黑客能够获得这些设备的控制权，那么他将拥有强有力的手段来勒索用户，黑客将把人们的生命掌握在其手中。他只需敲击几下键盘，就可以将乘客送入迎面而来的车流中。我们还可以看到勒索软件攻击的规模比我们迄今所看到的要大得多。到目前为止，勒索软件攻击大多发生在单一层面，比如针对一家医院或一家保险公司。然而，未来我们可以看到这些攻击从根本上扩大到同时针对数百万人和机构。这将引发的动荡程度是难以想象的。

如果我们要经历一场灾难性的全球网络事件，或者仅仅只是越来越复杂的个人攻击显著增加，这都可能在很大程度上改变生态系统的发展。例如，这种升级可能会促使政府在管理网络安全方面发挥更积极的作用，不仅仅是执行网络安全规定，而是在开展网络安全工作方面发挥直接和积极的作用。目睹了网络攻击的极端升级后，公司也将有强烈的动机使其业务尽可能安全。这将产生专注于安全和个人加密的新的微生态系统和子生态系统。网络安全将成为一个巨大的业务，远远超过目前的水平。算法和客户数据可能会受到严格的监管和保护。随着政府发挥更积极的作用，公司和客户都开始接受在一个单一且极其安全的瓶颈背后保护个人数据的必要性，所有这一切可能会变得更加集中。这可能会导致出现极为强大的网络安全公司，这些公司将参与客户在线上的每一笔交易和每一个接触点。简而言之，网络安全公司将变得和如今的支付公司一样有影响力，甚至更有影响力。而且，网络安全公司肯定会成为重要的新生态系统的协调者。

一些生态系统公司甚至可能选择建立更多的离线功能，

赌的是无法被破解的安全性可以应付连接减少的负面影响。这可能会带来安全通信先进技术的突破，比如所谓的量子纠缠通信，一些技术专家认为这种通信可以实现无法入侵的超光速传输。总而言之，在发生这种极端网络事件的情况下，我们可能会看到生态系统经济因网络安全格局的重大变化而发生翻天覆地的变化。

天基商业发展加快

目前，有许多障碍使得在外太空进行大规模活动无法实现，最明显的是发射和回收火箭的费用高昂。但这并没有阻止一大批热切的投资者和企业家投入精力解决这些问题，并对把商业带入太空的变革可能性抱有很大的幻想。根据摩根士丹利（Morgan Stanley）最近的一项分析报告，到2040年，全球航天工业的收入可能高达1万亿美元。

但是，正如人工智能等技术发展一样，我们有可能看到以前无法想象的快速技术进步，这将改变我们对太空的认识。正如摩根士丹利的报告所指出的，"一次变革性的技术转变往往可以引出现代化的新时代，随之而来是大量的互补性创新。"也许科学家将发明一种新的推进系统，或在技术或化学方面取得突破，使向太空发射物体的过程成本更低和更方便。或者他们将会找到一种比现在更加有效和高效的方法来回收和再利用火箭。

　　这对生态系统的影响将是巨大的。围绕天基商业已经形成了一个新的微生态系统。但正如《哈佛商业评论》的一份报告所指出的，迄今为止，太空中的经济活动主要局限于对我们今天来说可能相当普通的领域。这就是所谓的"太空换地球"经济，"也就是说，在太空中生产地球上使用的商品或服务……包括电信和互联网基础设施、地球观测能力、国家安全卫星等。"然而，如果突然加速发展，我们可以看到与太空相关的活动和商业形成一个更广泛和更强大的生态系统，其中包括小行星采矿、大规模太空旅游等。这无疑是一个生态系统可以发生变革的领域，因为其中的一些个体企业需要交叉融资。即使技术的快速发展降低了将人和设备送入太空的成本，这项任务也可能继续成为该提议中最昂贵的部分。因此，为了使其物有所值，管理和计划火箭发射的公司（或取而代之的任何新技术）将需要与其他能够提供更多价值的企业合作。所有这些都将促进在更大的动态太空生态系统中创建众多的微生态系统。

　　一个这样的微生态系统可能围绕着小行星采矿而形成，这将在未来数百年内改变整个世界的矿产经济。随着航天技术的进步和资源的合理分配，可以想象一家公司能够将采矿设备带到一颗经过的小行星上，以提取它可能包含的任何有价值的沉积物，从铁等基本材料到铂等贵金属。哈佛大学天体物理学中心的马丁·埃尔维斯（Martin Elvis）写道："作为一个理想主义的天体物理学家，我的兴趣在于可以从（小行星）中赚钱。这确实是理想化的，因为如果我们能从小行星的开采中获利，那么在太空中做更重要的事情成本将变得更低。”由于这个原因，即使有重大的技术突破，太空生态系统的崛起可能在很大程度上是由像小行星开采这样即时获利的企业推动的。

航天技术发展的加速也可能极大地推动几个现有的生态系统的发展。出行生态系统将开辟一系列新的可能性，例如，地球和太空之间的交通增加，需要新的能源为其提供燃料。根据世界经济论坛①的一份报告，这种能源的两个潜在来源可能成为重大生态系统活动的基础，即化学火箭和太阳能，“由于缺乏过滤大气层，在太空中收集太阳能更加有效”。

生物技术

其他技术领域的加速发展也可能对某些生态系统的发展方式及其关注点产生重大影响。一个可能发挥重要作用的领域是生物技术。近几十年来，科学家们在开发能够延长人类寿命、治愈癌症等疾病以及解决一系列令人困惑的社会问题的生物技术方面取得了前所未有的进步。

这些技术中最有前途的一项是 CRISPR（clustered regularly interspaced short palindromic repeats），这是一种定位和编辑细胞内特定 DNA 的工具。CRISPR 可用于修改植物和动物的基因组，并治疗或预防多种疾病。在未来，像 CRISPR 这样的工

---

① 即达沃斯经济。——编者注

具将使科学家和医生能够快速分析遗传物质，使他们不仅能够开发复杂的个性化药物，而且能够对抗今天难以治疗的疾病，并迅速开发疫苗以预防出现新的病原体。

科学家们已经取得了初步进展，显示出有朝一日利用 CRISPR 进行基因编辑来延缓衰老过程并延长人类寿命的潜力。据斯坦福大学生物工程教授雷·斯坦利·齐（Lei Stanely Qi）博士说："随着我们学习如何使用 CRISPR-Cas 来研究 DNA 系统，可以想象有一天我们可能开发出安全的技术来治疗衰老带来的各种疾病。"

另一个显示出巨大前景并具有潜在变革意义的领域是生物计算，即以生物大分子作为"数据"的计算模型。根据麦肯锡最近的一份报告，"生物系统和计算机之间的接口潜力正在增长。使用生物来模拟硅的生物计算机正在研究中，包括使用 DNA 存储数据。DNA 的密度大约是硬盘存储的 100 万倍。从技术上讲，1 千克的原始 DNA 可以存储整个世界的数据。"

生物技术的其他应用可以帮助人类解决面临的其他紧迫问题。例如，CRISPR 基因编辑可用于改造牛，使其产生更少的温室气体，如甲烷，这被认为是导致全球变暖的一个重要因素。基因编辑还可以用来设计完全适合用于生物燃料的新作物，以帮助创造一种成本更低、可持续性更强的能源。或者它有可能被用来改造细菌或其他微生物，以实现碳捕捉。

即使这些技术继续沿着目前的轨迹发展，它们仍将对全球经济产生巨大影响。但是，正如我们所考虑的人工智能和其他技术一样，我们也可以想象一个技术的开发和部署速度会急剧加快的世界。

生物技术加速发展的影响是惊人的，特别是对生态系统的发展。随着像癌症这样的疾病被治愈，人类的寿命大大延长，我们将需要对生活和经济活动的组织方式做出一些重要的改变。老年人已经成为全球人口中更大的一部分，但随着延长寿命的生物技术取得重大进步，他们甚至有可能成为人口中最大的一部分。这将产生各种各样的影响。例如，随着寿命的延长，人类可能需要更多的人工植入物、假肢和其他部件来维持其生活质量。越来越多的人进入老年，这将有可能导致老年人护理微生态系统的显著增长和扩大。卫生保健、疗养院、辅助护理和保险业都将受到重大影响。寿命延长也会改变人们对退休和储蓄的看法，财富和保障生态系统因此也将受到巨大影响。

生物技术的其他发展将影响更广泛的生态系统。例如，生物计算可以通过大幅降低计算能力的成本，促进所有生态系统的发展。CRISPR 技术对植物和动物的改造可以极大地推动我们之前讨论过的以气候变化为重点的微生态系统的发展。

纳米技术

我们能想象到的生态系统增长最极端的驱动力之一是纳米技术突破的可能性，或在微观层面上对物质的操纵。过去，纳米技术经常被认为是改变遥远未来游戏规则的投机性技术，一种可能与魔法无异的技术。虽然一些最引人注目的潜在应用仍然超出我们的能力范围，但今天有许多杰出的研究人员正在努力为这种奇迹打下基础。例如，近年来，科学家们在石墨烯的开发方面取得了惊人的进展。据卡内基梅隆大学的研究人员称，这种材料由以六边形模式连接的单层碳原子组成，强度是钢的近 200 倍，具有柔韧性，几乎透明，并具有高导热性和导电性。与此同时，未来可能出现新的甚至更重要的突破。

一旦出现这样的突破，其影响将是强烈而广泛的。这些突破在医学、计算机、建筑、环境保护以及其他领域都会得到应用。在医学方面，微型传感器可以使医生更精确地监测病人的生命体征。正如南安普顿大学纳米技术教授泰斯姆·普德马克（Theism Prodromakis）所写的那样，"我们可以通过在体内植入微型传感器而更进一步。这将获取更详细的信息，减少患者的麻烦，使医生能够实施个性化治疗。"最终，我们甚至有可能使用纳米人造生物体或机器人进入人体，并极其精确地解决问题。在工程和建筑领域也有令人兴奋的可能性。正如菲德马克教授所言："在纳米尺度上改变材料的结构可以赋予它们一些惊人的特性，如防水性。在未来，纳米技术涂层或添加剂甚至有可能使材料在损坏或磨损后能够'愈合'。将纳米颗粒分散到整个材料中，意味着它们可以转移以填补出现的任何裂缝。"

当然，所有这些变化和进步都会对生态系统产生深远的影响。想象一下，生态系统参与者将能够围绕纳米技术设计出令人难以置信的价值主张，比如说利用纳米技术进行个性化医疗。随着各公司争先恐后地基于新技术设计全新的端到端患者就医过程，健康生态系统的应用将会热火朝天。出行、住房和公共服务等其他生态系统也会如此。

但是，纳米技术对生态系统最大的潜在影响也许是将生态系统的覆盖范围从分销扩展到制造业。回想一下，随着20世纪末全球化的兴起，西方的制造业出现了衰退。纳米技术可能是将制造业带回西方的催化剂，推动创建全新的宏生态系统和微生态系统。

随着纳米技术领域的充分发展，我们也许能够在原子层面上对物质进行细致操作，从而使产品能够在消费者家中或在销售点打印出来，而不是在低工资国家制造，然后运往海外。这种技术比目前的3D打印技术要复杂得多，将彻底颠覆消费者市场的生态系统。想象一下，你可以订购一张桌子、一台笔记本、一把椅子或一把雨伞，在你等待的时候，它就在你面前一个原子一个原子地制造出来。纳米技术在建筑领域也会得到变革性的应用。想象一下，你可以轻松地指挥一队微型机器人来建造房子，而不是一砖一瓦地自己建造房子。

这一点意义重大。到目前为止，生态系统主要集中在服务业，而非制造业。但随着科学进步的加快，纳米技术驱动的制造业可能会融入生态系统。例如，在住房或家庭生态系统中，我们可以想象一种可以满足传统住房需求的服务，如寻找和购买房地产、购买保险和获得抵押贷款，但也可以让一群纳米机器人按你的需求建造房子。很快，就会出现一个新的巨型制造生态系统，主要由纳米技术参与者驱动。这个生态系统的影响将是惊人的。由于纳米技术能够快速有效地制造几乎任何物品，实体物品的所有权将变得不那么重要，而设计将变得更加重要。这将彻底改变我们这个社会对财产和价值的看法。

所有这些听起来可能有点难以置信，但完全有可能实现。不久之后，企业如果不仔细思考，不主动考虑生态系统发展所带来的影响，就根本不可能继续生存下去。即使对于一些迄今为止设法避免了生态系统革命动荡的企业来说，保持原有的路线也许也不再可能了。但与此同时，新兴技术将带来巨大的机遇，不仅是为了赢利和建立成功的企业，而且是为了改善人类的福祉，帮助我们在一系列生存威胁中生存下来。

推动生态系统发展的力量也可能完全出乎意料。我们在本章中列出了一些不同的力量，这些力量将在塑造生态系统的轨迹中发挥重要作用，但肯定还会有许多其他的力量参与其中，其中一些超出了我们目前的想象。以 2020 年初暴发的新冠疫情为例。这种疾病以及全球各地为抗击这种疾病而采取的不同政策，对生态系统的发展产生了显著的影响，加速了数字化进程，并使某些消费者行为永久地正常化，如路边提货。我们当然希望未来等待我们的无形力量不会像新冠疫情那样造成那么多的痛苦和折磨，但谁也不知道以后会发生什么。在 2020 年之前，我们中有人会预测到像新冠疫情这样的重大事件吗？

在本书的前三章中，我们介绍了生态系统的过去、现在和未来。我们研究了生态系统出现的原因、加速转变所产生的影响以及继续发展的轨迹。对于务实的人来说，这产生了一个巨大而突出的问题：我们应该为此做些什么？我们应该如何驾驭这个新兴生态系统世界？这将是本书第二部分的主题。既然我们已经了解了生态系统的运作方式，以及其发展和演变的方式，现在就可以深入研究如何适应不断变化的环境这一棘手的问题了。

第二部分

PART 2

4

前往冰球将要到达的地方：
在新兴生态系统经济中选择发挥空间

在每一次的学习经历中，都会有一个将理论付诸实践的时刻，把所吸收的抽象原则应用到现实中。这就是我们现在所达到的境界。在本书的第一部分，我们讲述了生态系统如何改变经济，带你了解了生态系统的过去、现在和未来。现在是时候考虑一下这个未来对于读者来说意味着什么了，本书的读者大多是那些与经济发展有利害关系的人，那些有兴趣发展企业并对社会产生更广泛积极影响的人。在第二部分，我们将考虑生态系统经济的影响，并列举一些使你最有可能走向成功所能采取的步骤。

当我们对生态系统进行更实际的讨论时，最好提醒自己使用这个词的真正含义。你会记得，生态系统是由相互关联的数字企业和实体企业组成的社区，它们跨越传统经济部门的界限，提供客户所需的东西。企业通过相互合作，共享资产、信息和资源，形成生态系统，最终创造超出每个企业单独可能实现的价值。我们应该记住，生态系统不同于传统的企业合作关系，如供应商和客户关系——供应商同意向客户提供某种东西，并得到回报。相比之下，在一个典型的生态系统关系中，多家企业共同提供产品或服务以满足客户的需求，并分享在此过程中创造的价值。当你开始实际考虑如何适应这个新兴的生态系统经济时，重要的是要记住是什么让生态系统如此特别和强大。

这种力量对于不同的人来说会有不同的表现。一些人会专注于它可能带来的艰巨挑战，而另一些人则会关注它带来的巨大财富和成功的潜力以及对社会产生积极影响的潜力。正如拿破仑的一句名言："只有两种力量能使人团结起来——恐惧和利益"。这位曾经的法国统治者显然更倾向于前者，他将这一观点总结为："所有伟大的革命都源于恐惧，因为利益的博弈不会带来成就。"在当今的商业世界中，我们倾向于认为大多数重要的决策都是由两者的结合所决定的。无论你觉得恐惧还是利益是更有说服力的信息，这两者都会引发你的思考，无论如何，重要的是你要注意它们发出的信息。不管你的动机是生态系统经济潜在的巨大回报和积极改变社会的机会，还是害怕自己或企业变得无关紧要，这都不重要。重要的是要采取行动。

当你开始适应新兴生态系统经济时，需要回答的第一个问题是：你将在哪里参与竞争？你应该做些什么来发展你的价值主张？这些都是困难且棘手的问题，只能努力应对。在这一章中，我们将提出一个找到这些问题答案的经过深思熟虑且强有力的步骤。我们所设计的步骤包括一些你可能已经在采取的措施以及一些新的措施。

当然，每家公司都已经在进行某种方式的战略规划。我们并不是建议你完全取代这一工作。我们要说的是，你需要极大地扩展你的范围，并改变你规划的性质。这样做可能会让你的想法与你的日常战略规划背道而驰，你需要准备好应对这种紧张关系。例如，为了在不断发展的生态系统经济中生存，大多数公司将需要彻底改变其商业模式，在短期内做出牺牲将不可避免。你现有的业务可能会被冲击，以便为未来的生态系统打下基础。特别是如果你想提供的主张需要创建一个新的生态系统或建立一个新的平台，你可能需要免费提供一些服务，并承担相关费用。

尽管这种新型规划在短期内可能具有挑战性，但它并不会就此结束。相反，这个过程需要不断维护和重新评估。成功的生态系统企业之所以成功，并不是因为他们一开始就制订了一个总体计划，并完美地按照最初的设想执行，相反，其成功要归功于他们的适应性，可以识别不断变化的环境并修正方向的本领。成功的生态系统企业的其他特征包括：采用适应性强的敏捷思维模式，以便在一个高度动态的世界中竞争，在这个世界中，客户需求和技术正在经历不可预测的转变。在本书的第6章，我们将介绍敏捷思维和方法如何帮助你适应新兴生态系统经济。从某种意义上说，如果你知道自己的生态系统业务要往哪个方向发展，并采取一种能够在发展过程中进行调整的心态，你就能更好地利用生态系统经济的影响。

许多公司知道需要发展自己的主张，但却低估了需要变革的规模。为了有效地做到这一点，你需要从未来向后思考，而不是从现在向前思考，但这并不一定意味着你需要模仿科技公司，或者试图想象 50 年后我们将拥有多么令人惊叹的未来技术。相反，你需要从根本上重新思考如何定义你的客户需求、客户群、行业、主张以及竞争情况。

同样，我们从选择参与哪个领域以及如何发展主张开始。我们设计的流程将在这两个方面为你提供帮助，包括 4 个主要步骤，我们先对此进行陈述，然后再通过几个例子进行更详细地解释。

1. 从基础做起：第 1 步是回归基础，采用以客户为中心的观点。清晰定义：目前你为客户提供的价值主张是什么？这些主张如何满足客户当前的需求？当这些需求和你的客户群本身发生变化时，你能否继续满足客户的需求，特别是在前文所描述的技术发展和消费者行为变化这两大趋势下？在客户意识到自己的需求之前，如何发展你的主张以满足客户未来的需求？我们可以把这些问题分成以下几个主要方面。

（1）评估客户需求和客户群：随着技术的进步和其他趋势的发展，客户的需求、偏好和消费模式在未来将如何变化？不要只考虑你目前所在的部门或行业，还要考虑其他行业和部门对你所在部门的影响，以及它们将如何塑造你的客户需求。同样，作为对这种趋势的回应，你的客户群随着时间的推移会发生什么变化，是扩大、缩小还是转变？你会吸引全新的客户吗？如何在你的客户还没有意识到自己的需求之前就预测到他们的需求？在你思考这些问题的时候，请记住一定要采取跨部门的视角。

（2）主张：根据前面关于客户需求和客户群问题的答案，问自己：应该如何发展你向客户提供的主张，以更好地满足他们现在和将来的需求？换句话说，应该如何发展你提供的客户价值？同样，必须打破你所在部门或行业的狭隘观念，采取跨部门的视角。请问问自己：你在哪些方面有机会提供差异化的产品和主张，不仅是针对你当前的客户，而且是为你潜在扩展的客户群？

（3）差异化策略：根据你可能具有的差异化优势，对你在（2）中提出的不同主张进行优先排序。为了用这些主张满足客户需求，你将采取哪些差异化策略？这将自然地界定你应该前进的方向。

2. **生态系统评估**：为了成功实施你在步骤 1 中阐明的新主张，你需要进行全面的生态系统评估，换句话说，你需要确定这一主张在哪里有机会蓬勃发展。生态系统评估包括以下两个重要部分。

（1）当前形势：鉴于不断发展的客户群，不断变化的客户需求，以及你的差异化策略，问问自己是否需要一个生态系统来实现这个主张（如果答案是否定的，也许是你对自己的主张没有足够的雄心壮志，也许你应该怀有更远大的志向）。然后，问问自己，目前是否有任何现有的生态系统可以满足不断变化的客户需求？如果有，它们是什么？它们的优势和劣势是什么？这些生态系统在未来会如何发展？你是否有可能利用这些生态系统或与之共存？或者你将不得不与其竞争？

（2）寻找差距：如果答案是否定的，目前没有任何生态系统能够满足不断发展的客户群不断变化的需求，那么你需要什么样的生态系统？一个新的生态系统可以填补的空白是什么？

3. 竞争评估：界定了新主张，发现了生态系统机会，你现在需要评估竞争情况。问问自己：考虑到技术发展的加速、消费者行为的变化趋势、不断变化的客户需求以及生态系统的情况，你预期未来在你的部门内部和外部会面临何种竞争？你可以把这个步骤分为以下三个部分。

（1）传统的竞争对手：谁是你的传统竞争对手，或者你曾经与之竞争过的参与者？他们的优势和劣势是什么？他们如何发展才能满足新的客户需求和不断发展的客户群？他们是否正在发展成你潜在的合作伙伴？

（2）新的竞争对手：谁是你在生态系统中的新兴竞争对手？换句话说，哪些竞争对手尚未进入这个领域，但已经开始利用我们上面提到的一些新兴技术和消费者趋势？这些竞争者的优势和劣势是什么？他们如何发展才能满足新的客户需求和不断变化的客户群？

（3）竞争定位：相对于这些竞争者，特别是新兴生态系统竞争者，你给自己的定位是什么？你能占据什么位置，使你能够实施你的价值主张，并可以比你的生态系统竞争对手更有吸引力？

4. **循环往复：** 最后一个步骤是重复前三个步骤，既要确保你在当下选择了正确的道路，又要确保你在未来保持灵活性，能够适应不断变化的环境。首先，重复几次这个过程，完善或调整你最初的方案，以确保其合理性和可操作性。其次，即使你已经形成了一个具体的计划并开始行动，也要每隔几个季度回来重新审视这些步骤，以确保随着形势的变化你的方案仍然有意义。图 4.1 说明了这种不断反复的重新评估。当返回到这些步骤时，你可能会发现使用一些更有针对性的练习和模拟是有帮助的，比如战争游戏和红色团队（我们将在本章后面介绍这两种方法）。

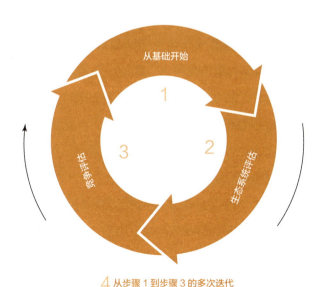

4 从步骤 1 到步骤 3 的多次迭代

图 4.1　确定在新生态系统经济中发挥作用的方法

在这个过程结束时，你应该对自己最适合的领域有了一个更加深入的认识，并有了一个强大的创意组合来发展你的价值主张，以顺应时代的变化。然而，到目前为止，我们对这一过程的讨论还处于理论层面。为了说明它是如何在更实际的条件下运行的，我们现在将通过几个例子进行解释。

例 1：出行即服务

想象一下，你是当前汽车行业的一个参与者。确切地说，什么样的参与者并不重要，为了方便讨论，假设你是一个普通的参与者。例如，你可以是汽车领域的原始设备制造商、一家为汽车制造软件的公司、零部件供应商、汽车行业的子系统供应商，或者是云参与者或其他试图涉足自动驾驶的技术参与者。无论你是哪种类型的参与者，你很可能需要根据新的生态系统经济重新评估你的发挥空间。如果是这样的话，让我们想象一下你如何完成此过程。

● 步骤 1（1）：评估客户需求和客户群

这个过程从评估客户需求如何变化以及客户群可能如何改变开始。正如超级明星冰球运动员韦恩·格雷茨基（Wayne Gretzky）曾经说过的一句名言："我滑向冰球将要到达的地方，而不是它已经到达的地方。"同样，我们需要预测我们的客户及其需求将如何发生变化，并积极主动地满足其需求。首先，考虑一下我们在第 2 章中探讨的生态系统增长的两个主要驱动因素：技术进步加快以及消费者行为和期望的不断变化。这些趋势如何与传统的汽车行业相互影响？传感器技术、激光雷达、照相机、人工智能、机器学习和其他技术能力在最近几年都有很大的进步。总之，所有这些进步都有助于在不久的将来使半自动和全自动驾驶汽车成为现实。电动汽车的技术已经相当发达，而且会越来越好。同时，AR 和 VR 技术的发展为车内高度互动的界面和娱乐提供了新的可能性。如今，汽车中已经融入了如此多的技术，以至于有人将其称为"车轮上的数据中心"，而且这种技术在未来会再提升。

　　同时，消费者正在改变他们的行为，这在很大程度上是由新技术和新主张的便利性所驱动的。例如，随着基于应用程序的乘车服务、食品或包裹递送服务变得更加普遍，消费者正逐渐习惯于通过"即服务"模式的产品来满足其绝大部分需求。在亚马逊和其他公司的影响下，消费者越来越期待所有产品或服务提供商都能够从根本上了解他们的想法，并主动满足他们的需求。就出行需求而论，我们看不出消费者有什么理由不会有类似的期望。

　　那么，这对我们案例中的汽车业参与者来说意味着什么？随着这些趋势的形成，你的客户需求将如何变化？你的客户群又将如何改变？为了找到这些问题的答案，让我们来思考一下刚刚提到的技术和消费者趋势所带来的影响。总之，这些变化将改变汽车融入社会的方式。如今，我们认为汽车是一种由个人所有的机器，用于从 A 点到 B 点。但在未来的近期和中期，我们可能会更多地将其视为在不同地点之间移动时按需使用和付费的边缘空间。换句话说，我们可能会把它们看作是车轮上的客厅或车轮上的办公室。例如，考虑一下当我们拥有支持全自动驾驶汽车的技术时，车内将发生怎样的变化——不需要方向盘、油门和刹车踏板、仪表盘或许多其他今天看来必不可少的汽车内部组件，大量的空间将被释放出来用于其他用途。我们可以重新设想整个汽车内部的设计。

这种转变的影响将是深远的：个人汽车拥有量可能会大幅下降。相反，在任何时候，公司汽车的拥有量在道路上占比更大。汽车的设计和销售方式也会改变。总体上看，汽车的需求量变少，因为拥有或管理这些汽车的公司，会比如今拥有汽车的个人更有效地使用汽车。据估计，如今的汽车平均有95%的时间是闲置的。随着全自动驾驶汽车的到来，以及复杂的算法来管理其调度和路线，拥有或运营这些汽车的公司将使其得到更充分的使用。

反过来，传统汽车行业的许多功能及其子行业将发生改变，这就是我们开始看到客户需求和客户群发生转变的地方。例如，想象你是汽车领域的一个金融服务参与者。随着个人拥有的汽车大大减少，消费者对汽车贷款的需求也会减少，你的客户群会缩减。同时，你可能会为你的产品找到新的客户，例如，你可能会转向为共享汽车或新兴出行生态系统的其他参与者提供汽车金融服务。举一个略有不同的例子，想象你是一个汽车经销商，随着对购买汽车感兴趣的个人客户大大减少，以后可能不再需要汽车经销商了，至少以现有的发展形势来看是这样的。你可能不再向个人销售汽车，而是向公司销售，就像为其他业务购买汽车或提供汽车金融服务的金融业参与者，如共享乘车平台或自动驾驶汽车服务。同样，汽车维修网络将需要进行重大调整，因为越来越少的消费者会将个人拥有的汽车拿去维修。向消费者出售零件和配件的汽车零售店也是如此。

　　然而，并不是每个参与者都会发现他们的客户群发生了消极变化。随着消费者越来越习惯使用自动驾驶汽车出行服务，这些参与者最终可能会以一些意想不到的方式扩大其客户群。目前，汽车消费者受到年龄的限制。驾驶车辆需要驾照，在美国只有 16 岁以上的人才能获得驾照，在其他许多国家和地区人们在 18 岁以上才能获得驾照。但自动驾驶汽车可以消除这一限制。18 岁以下甚至 16 岁以下的人都能使用自动驾驶服务，当然，这需要得到父母的许可。此外，有了自动驾驶汽车服务（部分由高级连接和基于应用程序的精确地图功能提供支持），你不仅可以为传统汽车行业的客户提供服务，还可以为物流等其他行业的客户提供服务，如包裹递送和外卖等已经很普遍的服务。有远见的汽车公司为这些变化提前做好准备，可以看到其客户群扩展为全新的群体。

　　重要的是，此处要区分步骤 1（1）的目标与公司已经从事的普通规划有什么不同。通过我们的方法，你正在打破基于部门的客户观。公司现在所做的许多客户分析和预测都受到其所处的传统部门的影响。例如，客户调查会问及单一行业内不同品牌和产品的问题。相反，你需要更广泛地了解你的客户：不仅是客户的偏好，还有客户的行为和态度；不仅在你的部门内部，也在许多部门之间。你需要对客户的经济生活有一个全景式了解。在步骤1（1）结束时，你将有希望对未来塑造你现行主张的潜在动力有更深的了解，这将为你开始考虑发展步骤1（2）中的主张提供所需的基础。

● 步骤1（2）：主张

在考虑了不断变化的客户群及其不断变化的需求之后，继续评估你目前提出的主张，并根据我们在步骤1（1）中获得的深刻见解确定如何发展这些主张。例如，如果你是一家汽车原始设备制造商，你的主张传统上是制造汽车并将其（通常通过中间商）销售给消费者和企业。在新的生态系统中，你需要找到一种方法来改变或发展这一主张。选择有很多，仅举一例，你可以通过拥有（也可能运营）你以半垂直整合方式生产的汽车，提供出行即服务的主张。所谓出行即服务，指的是一种按需提供的、基于应用程序的服务，允许用户提出出行要求并由自动驾驶汽车接人，然后将其送到所选择的目的地，价格由里程、需求和其他因素决定。

或者，你可以选择一个更具体的关注领域，但仍与你所观察到的重大技术和消费者转变相适应。例如，你可以集中精力制造汽车，将其融入车轮上的客厅或车轮上的办公室的主张中，也就是说，你可以将你的业务集中在将汽车变成在不同地点之间移动时租用的舒适、豪华空间。虽然这是一个有吸引力的主张，但追求这个主张将意味着完全改变你对核心产品的思考方式。未来如果真的需要更少的汽车，其设计将需要完全改变，以适应汽车在社会中扮演的新角色。正如我们前面提到的，在这种情况下，利用自动驾驶汽车很可能比如今个人拥有的汽车更有效。因此，自动驾驶汽车本身将需要被设计成每天有更多的时间在运行。它们还需要更宽敞的空间，并配备更好的设施，以满足消费者日益增长的需求。幸运的是，这些汽车既不需要司机，也不需要内燃机，这意味着车上将有更多的空间来摆放家具和设备，以创造出所需的空间，无论是客厅、办公室，还是其他车轮上的房间。

对于汽车领域的其他参与者，评估和发展主张的过程可能看起来略有不同。例如，如果你是汽车行业的软件组件或系统参与者，你可以提供一个软件平台，作为出行即服务参与者的操作系统，包含互联和智能汽车附带的所有功能。如果你是一个汽车座椅制造商，你可以转向制造其他种类的车用家具，比如那些更舒适或更适合车轮上的客厅的主张的家具。

我们可能又会问：步骤1（2）与公司目前正在做和计划做的事情有什么不同？当然，思考如何完善你的价值主张并不是一个激进的想法，但我们提出的不仅仅是这些。你不仅需要推进这个主张，还需要彻底改造它。例如，你可以召开一次计划会议，目标是完全忘记你今天所做的事情，想象你正在重新投资。与其从你目前的位置向前工作，不如从一个可以自由地做任何事情的位置向后工作。把你行业以外的人也带入对话。只有当你能够带着新鲜感和活力进行思考时，才能够创造出在一个没有边界的行业中取得成功的主张。

● 步骤 1（3）：差异化选择

完成步骤 1（2）时，你应该有至少六个发展你的主张的不同选择，以应对不断变化的客户需求和不断变化的客户群。然而，你根本不可能实现每一个想法。因此，在步骤 1（3）中，我们要缩小这些选择的范围，并根据我们（无论是现在还是将来）可能具有的差异化能力或其他一些特殊优势对其进行优先排序。

在许多不同的领域，你可能拥有这样的优势，例如，数据。如果你已经获得了一些特别有启发性的数据集（无论是关于你的客户、竞争对手、市场，还是其他方面的数据）的独家访问权限，这可能是你的强大优势，可以用来区分你的主张。你可能拥有的另一个潜在优势是先发优势。显然，如果你是第一个走出大门的人，你将比你的竞争对手享有先发优势，特别是如果你能实现所谓的网络效应。另一个优势可能是已有的客户关系。如果人们熟悉你的业务，并因为你在其他领域提供的产品或服务而信任你，那么在吸引他们接受你的主张方面，你将比其他参与者更有优势。当你综合考虑这些因素时，你清单上的哪些主张最有可能成功就很有可能浮现出来。

让我们举几个例子来说明这种优先权的确定过程是如何进行的。如果你是一个专注于电动车的汽车原始设备制造商，并且你一直在试验自动驾驶汽车，那么你很可能已经从试验中收集了一组有价值的数据，这些数据其他人可能无法获取。如果你确实是唯一可以访问该数据集的人，那么这最终会成为你寻求出行即服务发展的一大竞争优势。如果你是一家云计算公司，通过与各种不同的原始设备制造商合作，一直在试验自动驾驶汽车的机动性，你也将有一定的数据优势，以使你自己或与其他公司在生态系统合作中进行差异化选择。然而，这种数据优势可能是短暂的，因为后来进入该领域的其他公司将收集自己的数据，并最终迎头赶上。如果像我们在第 3 章中讨论的那样，政府开始要求公司通过开放型 API 共享其数据，那么数据监管也可能会抵消这一优势。

当然，这种确定优先次序的过程可能与如今许多公司评估和选择不同潜在价值主张的方式有一些相似之处。使我们的流程与众不同的是你用来做出决定的参数。考虑你可能具有差异化优势的地方时，最终推动你思考的应该是跨部门的机会。在缩小你的选择范围以寻找最强大的基于生态系统的主张时，你会自然而然地倾向于那些通过跨越部门边界以合作方式满足客户需求而创造价值的主张。我们相信，建立一个生态系统的主干网将为你的主张创造一个护城河，并帮助你为所有的关键利益相关者提供价值。

总而言之，步骤 1 就是密切关注你的客户，让他们不断变化的需求和优先事项为你引路。当你完成这一步的时候，你应该有几个可靠的选择来发展你的主张，每一个选择不仅要适应你的差异化优势和能力，还要适应不断变化的客户群和不断变化的生态系统格局。

● 步骤 2（1）：目前的情况

你会记得，流程中的步骤 2 是全面的生态系统评估，其目的是确定一个生态系统解决方案的时机已经成熟。现在你已经了解了不断变化的客户群和不断变化的客户需求，请问问你自己：目前是否有任何现有的生态系统可以满足这些需求？如果有，它们是什么？它们的优势和劣势是什么？这些生态系统在未来会如何发展？继续以前面描述的自动驾驶汽车为例，假设你是一个原始设备制造商，想在不断发展的新兴生态系统经济中提供出行即服务业务。首先考虑你周围的环境，你已经与之有业务往来的参与者。你可能还不是一个真正生态系统的一部分，但你很可能与行业中的各种参与者有许多供应商或供应商—客户关系，如果你要创建一个生态系统，其中一些参与者最终可能会在生态系统中发挥作用。考虑一个已经与你有业务往来的软件平台供应商，比如一个提供平台软件的信息娱乐系统供应商，为车内的消费者提供娱乐。这个参与者最终可能成为出行即服务生态系统中一个有价值的合作伙伴。

同样，目前的共享乘车平台参与者，如优步，最终可能成为生态系统的一部分。这些共享平台已经有了自己健康的生态系统，通过应用程序将司机和车主与消费者联系起来，以提供出行即服务。正因如此，这些共享乘车平台已经拥有强大的司机网络，以及强大的现有客户关系可以利用。这种综合效应将是一个强大的先发优势。这些现有的生态系统在未来会如何发展？目前，基于平台的共享乘车生态系统的参与者至少在两个不同的方向发展。一个方向是为食品和包裹的配送服务提供移动即服务。另一个方向涉及从基于司机的共享出行过渡到基于自动驾驶汽车的共享出行。

然而，随着生态系统的不断出现，我们可能开始看到更多不同类型的商业模式发展起来，为了保持竞争力，有必要预测这种演变。例如，共享乘车公司目前的运营方式是根据距离、需求和其他因素以可变费率向客户收取费用。但在未来，这种计算方式可能会改变。例如，公司可能会通过引入广告成分或者获取有价值的数据来抵消乘车费用，从而找到降低费用的方法。当你评估生态系统状况时，不仅需要评估生态系统的现状，而且要考虑到其商业模式如何随着时间的推移而改变，以应对当前的形势。

● **步骤 2（2）：寻找差距**

接下来，考虑到你所确定的不断变化的客户需求和客户群以及通过发挥生态系统的作用来提供独特价值而制定的主张，问问自己：需要填补哪些生态系统的空白？一些想要利用不断变化的技术和消费趋势来创建生态系统的企业可能会发现，目前没有任何现有的生态系统能够满足客户不断变化的需求，其传统的供应商－客户关系是不够的，其他现有的生态系统也是如此。如果真的是这样，目前没有任何生态系统能够完全满足不断变化的客户群及其不断改变的需求，那么问问自己：需要什么样的生态系统？让我们回到自动驾驶汽车领域的金融从业者或投资者的例子，他们希望通过自动驾驶汽车来实现出行即服务的目标。如今，这个参与者可能是一个向原始设备制造商或经销商提供汽车融资服务的供应商。如果这个企业想提供"出行即服务"业务，并确定其目前的生态系统无法完成这一任务，那么就需要想办法在现有的生态系统内增强其能力，或者组建一个全新的生态系统。这样一个生态系统将需要一个共享出行或共享乘车软件平台供应商，一个提供汽车的原始设备制造商，以及其他一些汽车维护和服务的实体等。

再举一个例子。这次让我们假设你是一个零部件供应商或子系统参与者，也想从事或者至少参与出行即服务业务。同样，你可能会发现自己只拥有将其付诸实践所需要的一部分生态系统。你将不得不组建一个新的生态系统（考虑到你的起始位置，这可能相当具有挑战性），或者将你目前的主张转变为与出行即服务更相容的主张。内容或媒体参与者也是如此，他们可以提供吸引人的娱乐或商业内容，使客厅、办公室或娱乐室对用户更具吸引力。在每个例子中，除了你已经具有的功能，还需要一个在线或软件参与者，可以通过为消费者提供基于应用程序的共享乘车平台来整合和协调你的功能。

　　无论如何，当你选择开发一个新的生态系统或在一个现有的生态系统内运营时，一个重要内容是确定你应该扮演什么角色，也就是说，确定你是生态系统的一个协调者还是一个参与者。确定角色这一问题将在下一章重点讨论。

　　我们想再次明确该流程的步骤2（生态系统评估）与企业通常参与的传统规划有什么不同。对现在的企业来说，寻找一个可以用来成功执行其主张的空白领域是很常见的。但此处的区别是，我们正在寻找一个生态系统的空白领域，换句话说，我们正在寻找一个只能由一个融合多个不同部门元素的整合产品来填补的空白。如今，大多数企业仍然从供应商或供货商 – 客户的角度来处理这项任务。他们所需要的是一种基于生态系统的方法。另一个不同之处是，我们采用的是一种未来的后向视角，而不是现在的前向视角。我们不是推断未来对不同生态系统的需求，而是想象一个令人兴奋的未来场景，在这个场景中，一系列特殊的客户需求得到有效且高效的满足。然后再回到当下确定需要哪些生态系统来实现这一目标。换句话说，存在哪些需要填补的生态系统空白？

　　在你完成了对现有生态系统的评估，并确定需要新的生态系统来实现这一主张之后，就可以开始下一步的行动了。你是想利用现有的生态系统改进一个现有的生态系统，还是需要建立一个全新的生态系统？请记住，从零开始建立一个新的生态系统可能是一项艰巨的任务。如果要改进一个现有的生态系统，你想利用哪些现有的参与者？你希望超越哪些参与者？如果你要建立一个新的生态系统，需要哪些新的参与者？换句话说，步骤 2 就是评估生态系统的情景，现在是时候在该情景中规划你的路径了。

● 步骤 3（1）：传统竞争者

回想一下，该流程的步骤 3 是竞争评估。正如我们所看到的，在未来，技术和消费者的变化将重塑我们周围的世界。你将需要评估客户需求和客户群是如何变化的，权衡不同的选择来发展你的主张，并整合一套新的跨行业能力来实施。但这只是问题的一个方面。同时，你将面临一群全新的竞争者。他们会是谁？在旧的行业里，很容易分辨，你的竞争对手就是你的邻居，是你所在行业内部的其他参与者。但在生态系统经济中，由于行业之间的边界越来越模糊，很难预测竞争将来自哪里。那些曾经是你的伙伴或合作者的人现在可能变成了竞争对手。而那些曾经是激烈竞争对手的人，现在可能变成了盟友。最关键的是，要了解行业界限是如何变化的，并尽可能迅速和准确地评估其他参与者。

基于已经探讨过的变化因素，如技术变化、消费者变化、客户不断变化的需求以及生态系统环境等，我们将尝试评估我们未来可能会面临什么样的竞争。在此过程中，我们必须牢记，在生态系统经济中，竞争来自四面八方，不仅来自我们自己的行业内部，还有来自任何有能力进行跨行业竞争的参与者。

　　在步骤3（1）中，我们从评估你的传统竞争对手开始，也就是你曾经遇到过的竞争对手。他们的优势和劣势是什么？他们会如何发展以满足新的客户需求和不断变化的客户群？他们是否有可能以类似于你所计划的方式进行发展？生态系统可能会激励你传统的竞争对手，并使其能够超越你。新进者对利润和市场份额造成的压力会极大地刺激实力较弱、规模较小的参与者在新的商业模式上冒很大的风险。例如，与外部进攻者合作。在这样的环境中，企业必须预料并准备好应对意外情况。例如，战争演习（一种模拟和准备某些场景和结果的过程），可能是一个有用的练习方式（我们将在本章后面详细介绍其潜在用途）。

　　如果你是一家原始设备制造商，希望通过利用自动驾驶汽车技术提供出行即服务业务，你的传统竞争对手（如其他原始设备制造商）可能会从同一个位置开始。他们可能有制造能力，也可能有分销汽车的经销商网络，但也可能缺乏出行即服务主张所需的深层能力。同样地，如果你是一个零部件制造商，你的传统竞争对手可能是其他零部件制造商。他们将与原始设备制造商处境相同。另一方面，如果你是一个软件或硬件平台参与者，你的传统竞争对手可能会从一个更有利的位置开始，因为他们拥有推动下一代主张（如出行即服务）所需的软件平台能力（但是，如果是这样的话，你也可能拥有这些能力）。

　　因此，除了软件平台参与者，我们在这个例子中所讨论的各种参与者的传统竞争对手很可能没有优势在移动即服务的背景下加以利用。在许多情况下，这些企业往往很难适应新的客户需求和不断扩大的客户群。因此，他们最好认真考虑基于生态系统的合作。这些传统竞争者中的一些人可能有雄心勃勃的计划，并大胆尝试新的举措。但他们是否会成功是一个完全不同的问题，尽管如此，与其保持联系是一个明智的做法。

● **步骤 3（2）：新的竞争对手**

在步骤 3（2）中，我们将重点从传统的竞争对手转移到新兴的、基于生态系统的竞争对手。这些竞争者可能是谁？他们的优势和劣势是什么？他们如何发展以满足新兴的客户需求和不断变化的客户群？我们所说的新兴生态系统竞争者，指的是那些尚未进入该领域的竞争者（如果有的话）。但他们开始利用我们上面讨论的一些新兴技术和消费者趋势。

以自动驾驶汽车为例，这些新进的竞争者可能是一个以软件平台为基础的云参与者，也在寻求提供出行即服务业务；也可能是从事类似软件平台业务的共享乘车平台参与者。这类参与者在满足客户需求方面有几个优势。对于初创者来说，可能具有数据优势。他们有可能已经收集了大量关于客户和其他方面的数据，这些数据可以为其提供关于出行领域的宝贵见解。他们也将拥有巨大的先发优势。创建或帮助创建一个生态系统的好处之一是，如果做得好，很可能在同一领域不需要另一个生态系统。我们已经多次看到，每当一群参与者试图在某一特定领域开发新的生态系统时，只有少数人能够获得真正的支持。而在大多数领域，最终出现的生态系统往往不超过三个，因为新的参与者越来越难建立自己的生态系统并进入其中。例如，在共享乘车、包裹递送和食品递送等业务中，情况就是如此。然而，即使有一小部分参与者已经建立了自己的生态系统，新进入者也可以在现有更具主导地位的生态系统中建立自己的子生态系统，这并不罕见。

我们一直在讨论的几个自动驾驶汽车参与者，即原始设备经销商、零部件经销商和子系统参与者，都可能面临来自新兴生态系统参与者的激烈竞争。这些新兴生态系统参与者利用电动汽车等技术，建立了新的基础设施，如充电网络和移动维修网络。其他新进竞争者可能使用软件平台来建立围绕自动驾驶汽车和其他服务的新生态系统（例如，承保资产的金融业参与者、提供汽车或汽车制造服务的原始设备经销商、相机和激光雷达制造商等硬件参与者以及提供关键组件的硅光平台参与者）。

● 步骤3（3）：竞争定位

步骤3（3）涉及确定你的竞争定位。相对于这些竞争者，包括传统的和新兴的，尤其是新兴的生态系统竞争者，你的地位是什么？你能占据什么位置，使你能创造出比你的生态系统竞争者更好的主张，特别是在客户需求和客户群不断变化的背景下？以自动驾驶汽车为例，如果你是一个原始设备制造商或零部件制造商，你以前所有的能力在一些方面会给你带来相当大的优势，例如，在制造、维修和保养以及其他方面。你可以在这些优势的基础上进行竞争定位。另一方面，你也可以尝试利用新的能力来获得竞争优势，如开发软件平台或汽车软件操作系统，并围绕这些能力建立自己的生态系统。然而，这样做将是一场艰苦的战斗。这种开发新的或可替代生态系统的参与者成功的案例很少，特别是当其他参与者有先发优势的时候。

同样重要的是要预测你的生态系统竞争对手的商业模式可能会如何转变和改变竞争的性质。以提供出行即服务主张的软件平台参与者或云参与者为例。如果用户同意在其数字娱乐内容中穿插广告，这个参与者也许可以通过将广告纳入"车轮上的客厅"概念来修改其主张，也许可以以较低的价格提供乘车服务。或者，其他参与者可能会找到一种方法来收集有价值的数据，这些数据可以在其他一些业务领域货币化，从而抵消客户的乘车费用。原始设备制造商和其他更传统的自动驾驶汽车行业参与者将无法适应这种商业模式。

总的来说，步骤3涉及预测并领先于其他参与者，尤其是生态系统参与者。我们已经引用了格雷茨基的想法，即前往冰球将要到达的地方，而不是它该在所在的地方。但这还不够，你还需要能够预测其他球员的位置，以及他们是否像你一样准确地预测到冰球的移动。这样做意味着要超越公司已经在做的那种规划。值得称赞的是，许多公司已经不仅关注他们的直接竞争对手和行业对手，还关注潜在的新生态系统竞争对手。问题是，在许多情况下，这些公司的竞争只是表面现象。来自亚马逊或谷歌的竞争也许会在董事会会议上不时出现，但来自一大批不同参与者跨部门竞争的真正威胁却没有得到足够重视。此外，你需要开始考虑非传统的指标，而不是用传统的指标来分析你的直接部门竞争对手。与其看市场份额，不如看关系市场的份额。你的竞争对手正在使用哪些创新和替代经济模式？以创造者为中心的模式，股权分享模式，还是传统的基于广告的收入模式？为了真正看到未来的情况并预测生态系统的竞争，你需要针对所在行业内部和外部的潜在竞争者提出类似的问题。

● 步骤 4：循环往复

现在我们已经带你完成了发展主张和选择发展领域这一流程的前三个步骤，希望你开始看到，这样做不仅是一个避免负面结果的问题，而且还可以是一个令人兴奋的创新过程，可以创造新事物并找到创造价值的创新方法。同样重要的是，这个过程的创造性方面要持续到早期阶段之后。正如我们开始时所说的，步骤 4 是反复回顾这个流程的前三个步骤，并重新评估从中获得的见解。在一开始就这样做几次，把练习和思考过程重复几次，以确保你选择了正确的前进道路。但即使如此，也应该每年重新审视这个过程一到两次，以确保在周围环境发生变化时，企业仍然走在正确的道路上。

关于建立和发展生态系统的思维方式，你必须明白的是，这是一项永远不会完成的工作。事实上，除非它是一个具有适应性的动态过程，否则它不可能成功。这不是简单的制订计划和执行计划的问题。当然，从一开始就对你想要完成的任务有一个基本的认识是很关键的，但不能执着于这个构想。当因素发生变化，情况变得更加复杂时，必须随时准备投入并进行调整，这是一以贯之的。看看如今一些最成功的生态系统参与者，没有人对自己的发展方向有一个完美的构想，但每个人都相信自己的直觉，并且明白每退一步，就会前进两步。事后回顾其中一些成功的故事，人们很容易产生偏见，认为这些公司的每一步行动都是一个出色的总体规划的一部分，但实际上这是一个试验性的即兴过程。当你继续思考如何发展主张时，会想要从一些关于如何推进的一般性计划开始，但也应该准备好在需要时偏离这些计划。最重要的是，你需要继续努力，在这一过程中将不可避免地存在惰性，而抵制这种惰性是至关重要的。这就是为什么需要不断地重新考虑客户评估、生态系统评估和竞争评估，也许每几个季度就要进行一次。例如，你需要不断招聘新人，以保持你的观点新颖，尤其是来自不同背景和行业的人。即使你不招聘新人，也要与来自其他公司和其他行业的人会面，掌握其他领域的最新动态。始终有专门的资源完全专注于搜索市场，以寻找潜在的意外竞争对手，甚至可能是在他们自己都不知情的情况下，正在积累有价值的数据或其他一些优势的参与者。

为了对自己的弱点和竞争盲点有更敏锐的认识，你可能想采取一种更聚焦的方法来预测潜在竞争对手的行动。具体来说，你可以考虑一种"军事演习"来练习，即模拟竞争，你在其中建立某些基准条件，计划你的行动，并预测竞争对手的反击行动。这样做的目的是要提前考虑多步，不仅要考虑在竞争对手有十几步不同的行动时，你会怎么做，还要考虑他们会如何回应，以及你会如何反击等。当这种练习被认真进行时，它可能看起来更像一个棋盘游戏，在这个游戏中，你把管理团队分成对立的两个团队，制定不同的策略，决定各自对对方的行动如何回应，并模拟结果。当然，这种练习通常由军队使用，这就是为什么称为"军事演习"。

同时，你也可以考虑一个更具防御性的练习。这绝不是说必须采取一种更被动、缺少警觉性的方法。相反，这意味着积极预测你的竞争对手将如何破坏你的行动计划，并采取先发制人的行动来保护自己。当然，这就是红队战略会议（有时也称为"黑帽"战略）的经典概念。其想法是把一群最优秀的人聚集在一起，像竞争者一样思考，并集思广益，找出对手可能利用你的弱点的所有方式。这种练习的结果可能是令人震惊的，因此是非常有价值和有意义的。

步骤4的核心是确保前三个步骤的见解不会被误解或误导。发展生态系统思维不是简单地花几天甚至几周的时间从跨部门的角度思考你的业务，而是需要不断地重新评估你的预想，走出你的舒适区，并问自己一些棘手的问题。需要定期反复进行同样的步骤。

例 2：舒适和安全即服务 🌐

希望到目前为止，这个过程的影响力已经变得越来越清晰。我们已经详细深入地解释了这个过程，现在让我们退一步，通过一个略有不同的例子来分析这个过程。想象一下，这一次你是一个专注于家庭领域的参与者。例如，你可能是一家供暖、通风和空调设备的供应商，或者是一家恒温器或安全摄像头等设备的供应商，又或者是一个试图在家庭市场进行软件或硬件平台业务的云参与者，再或者是一家天然气或电力公司，甚至是支持该子部门走向市场的承包商、经销商或安装商。

● 步骤 1

我们还记得，第 1 步是评估你目前的价值主张、你的客户需求以及客户群。基于我们前面提到的技术和其他趋势，你的客户群是如何改变的？其需求是如何变化的？这又告诉你应该如何发展你的主张。为了从家庭领域参与者的角度回答这些问题，我们需要思考科技和消费者趋势如何塑造，并在未来继续塑造这一领域。随着计算和数据存储成本的降低，公司监测家庭、收集数据和分析数据变得更容易且更便宜，以便最大限度地提高家庭中不同系统的效率，如供暖、供电、互联网和智能家居等功能。对参与者来说，存储安全系统（如监控视频）所需的大量数据也变得更容易获得且更便宜。

同时，客户在家庭安全和舒适领域的需求正在以有趣的方式变化。首先，客户越来越关注可持续发展，他们对能够跟踪其能源使用情况和找到利用新的高科技工具提高使用效率的方法更感兴趣。他们变得相当习惯于"即服务"的主张，并期待这些主张带来的便利。同样，当一个人可以通过电话立即叫车，或者用语音命令订购当天即可送达的洗洁精时，就会期望在生活中的每个领域都享有同样的便利。

随着家庭安全和舒适服务的发展，客户群最终也会发生变化。以供暖、通风和空调公司为例。传统上，这类公司是通过几个中间商来销售设备的，首先销售给分销商，分销商再销售给承包商，承包商再销售给房主。因此，如果你是一个设备商，希望建立"即服务"类型的产品，你最终很可能会扩大你的客户群，将直接消费者包括在内，也就是说，你的客户群将不再完全由分销商和承包商组成，还包括房主或可能提供这种服务的其他参与者。

接下来，我们考虑如何根据不断变化的客户需求和客户群来发展你的主张。在这个科技和消费趋势不断变化的背景下，无论从短期还是长期来看，都有许多有吸引力的主张，可以满足当前和未来的客户需求。其中一个特别突出的主张是舒适和安全即服务，指的是客户定期支付费用，而你需要保证温度和湿度等参数在规定空间（如房屋）内始终保持在一定范围，并且该场所将受到监控并保持安全。例如，我们可以想象，天然气或电力公司可能会被这样的主张所吸引，并选择通过向客户提供一个简单的解决方案来扩大规模，这个解决方案将其天然气或电力服务与其他高价值的家庭服务（如安全）结合起来。

这个主张可以有多个不同的表现形式。例如，它可能包含一个以"维护即服务"为中心的子生态系统。其中包括在客户家中创建数字孪生，以帮助监测、诊断和维护家中的所有系统和设备。这一主张将涉及利用 AR 和 VR 方面的最新技术发展，以及人工智能和机器学习能力，为家中的设备创建精确的数字模型，以便进行监测和维护。要实现这一目标，需要来自多个经济部门的不同能力。例如，要实现"舒适即服务"，就需要暖通部门的能力、科技部门的云计算能力以及金融部门的新商业模式和融资能力。换句话说，你需要创建一个跨部门的生态系统。

一旦你提出了一些不同的潜在主张，就可以对其进行优先排序了。要做到这一点，你要问自己在哪些方面可能具有与众不同的能力或一些特殊的优势，可以让你在这些主张中占得先机。例如，这种优势可以包括获得特权数据、先发优势、拥有专有技术或与客户建立关系。通过分析这些优势，你可以确定你在哪方面有潜力提供最大的价值。这可能涉及利用你自己的能力，利用你所在行业的其他参与者或其他行业的参与者。例如，如果你是一个云计算参与者，并且拥有一套与消费者在家庭中的行为和偏好有关的数据，这将是构建舒适和安全即服务主张的显著优势。

● 步骤 2

进入流程的第 2 步，我们需要确定是否有现有的生态系统能够满足舒适和安全即服务主张。假设你是一家希望提出这一主张的设备制造商。你可能有许多现有的供应商或供货商 – 客户关系（如承包商、分销商）和供应链合作伙伴（如组件商、软件商）。但几乎可以肯定这些能力和合作伙伴无法构成一个真正的生态系统来共同实现舒适和安全即服务的主张。然而，如果你能够创建一个生态系统，那么它们可以成为其中的一部分。要成功做到这一点，你需要更广泛的合作伙伴，包括软件平台参与者和金融行业参与者等。或者假设你是一家天然气或电力公共服务公司，希望从仅提供天然气或电力业务扩展到提供舒适和安全即服务业务。在这种情况下，你已经拥有了为客户的家庭供暖所需的核心部件之一，但你缺乏许多其他必要的能力，如云系统、软件平台、空调设备以及许多其他设备。为了成功地进行扩展，你将需要组建一个生态系统，将所有这些元素整合起来。

如果你发现现有的生态系统根本无法满足不断变化的客户需求，那么请确定：需要什么样的生态系统？需要填补哪些生态系统的空白？以一个软件平台参与者或云计算参与者为例，如果这样的参与者想提供舒适和安全即服务的主张，可能需要组建一个合作伙伴生态系统，其中包括供暖和空调设备制造商、具有融资或资产风险承保专业知识的金融参与者以及其他参与者。

● **步骤 3**

在第 3 步中，基于所观察到的技术和消费者的变化，我们试图预测在未来会看到什么样的生态系统竞争。首先看一下你的传统竞争对手，那些你曾经与之竞争过的人。他们如何随着时代的变化而发生改变？如果你是一家试图提供舒适和安全即服务主张的设备制造商，这就意味着你要研究其他设备制造商。同样，这些制造商可能有制造方面的能力，并且可能拥有一个承包商和经销商网络，可以把设备运送到需要的地方并进行安装。但他们也可能缺乏舒适和安全即服务主张所需的深层能力。

接下来，我们将注意力转向基于生态系统的新兴竞争者。也就是说，那些还没有进入家庭领域的竞争者，但他们已经开始利用一些新兴的技术和消费者趋势。例如，基于云的软件或平台公司可能会成为舒适和安全即服务主张的潜在竞争者。其中一些参与者可能会通过收购已经在家庭领域具有影响力的公司（如硬件或组件公司）来参与。而另一些参与者可能会通过与现有服务提供商（如家庭安全公司）合作来参与。事实上，一些基于数据优势的云计算参与者，可能已经开始利用生态系统，要么整合自己的生态系统，要么利用为其他目的而开发的生态系统。继续这样做下去，他们可能会具有显著的优势。例如，他们可能已经在其他领域有了"即服务"主张的经验，甚至有可能通过开发获得报酬的新方式来改变家庭领域的竞争基础，创建完全不同的全新商业模式。例如，一个提供舒适和安全即服务的云服务提供商可能会选择将该服务与其他云服务捆绑，或者用其他服务的收益来补贴这项服务。他们还可以选择将数据收集或广告等其他收入来源纳入其中，以努力为客户提供更具优势的价位。所有这些都将使传统的参与者处于不利的地位。

最后，在判断了传统和新兴竞争对手的优势和劣势之后，你需要弄清楚自己的定位。你可以在哪些方面对生态系统产生差异化影响，以满足客户和不断变化的客户群的新需求？如果你是一家希望提供舒适和安全即服务的设备或零部件制造商，你可能会在某些领域具有优势，如制造、维修和保养等？你也可以尝试通过选择软件平台开发等一些新兴的技能来确定竞争定位，并围绕这些技能建立你的生态系统。

最后，在这个流程结束时，最好多操作几次这些步骤，以完全确定你走在正确的道路上。如果你发现自己一次又一次地回到相同的主张上，这是一个很好的迹象，表明你已经准备好继续进行了。但是，即使你已经提出了一个可行的主张，并开始组建你所需要的生态系统来实施这个主张，还是要定期不断地重新审视这个流程。例如，如果你今天提出了舒适和安全即服务的主张，可能几年后，气候变化将改变客户的舒适需求。如果热浪和其他极端天气事件变得更加普遍（正如我们在第3章中讨论的那样），这可能会改变你对服务的思考方式以及如何调整你的生态系统。

例 3: 小型企业综合服务

现在，你可能已经将这个流程内化了，但为了让它的力量绝对清晰，让我们再探讨一个例子。想象一下，这一次你是一家为中小型企业服务的企业。同样，正如在前面的例子中所做的那样，让我们将其看作一个普通的企业，可以是金融机构、电信公司、信息技术供应商或保险公司。

同样，按照前面例子中的流程，在步骤 1 中，请问你的客户需求如何变化，这对你来说意味着什么？作为中小企业的供应商，你所服务的首要需求是便利性需求，即需要一次性解决所有的基本问题，这样不必占据人们的大量精力。无论你是为小企业提供电话和互联网服务，还是提供金融或保险服务，这些企业，即你的客户，越来越将你的服务视为一种虽然不受欢迎，但却不可避免的低优先级事物。他们想要专注于获得新客户和收入，以及作为其业务核心的任何创造性产品。他们不想关注的是你。由于这些小企业面临着越来越激烈的竞争，留给他们与服务提供商打交道的时间越来越少，而且随着数字化进程的加快，像你这样的服务越来越容易实现自动化并与其他服务相结合。同时，市场的颠覆者正越来越多地以综合价值主张的方式出现，鉴于你所提供的服务类型并没有特别紧密的客户关系，他们可以轻易地接管你的客户。真正与你竞争的不是小型企业银行业务或小型企业电信服务，而是这些小型企业的客户所有权。

其结果是：无论你在你的产品上投入多少精力，你的服务还是越来越商品化，并被你的客户抛之脑后。如果这种趋势继续下去，将导致持续的利润缩减，而你最终将被那些能够真正抓住这些中小企业利益的新兴平台所取代。你将面临脱媒、分解、商品化和隐形等问题。

可以说，这是一个非常困难的局面。那么，如何发展你的主张才能更好地满足客户不断变化的需求？摆脱困境的唯一方法是与你的小企业客户建立更密切的关系，而做到这一点的最好方法之一是扩展，创建一个平台，整合像你自己的服务一样的一整套服务，即小企业需要但不想过多关注的服务。这样一来，你就会成为小企业主或经理们不可或缺的工具，他们可以通过这个门户网站获得中小企业可能需要的各种服务：银行、电信服务、保险、法律服务、行政管理、人力资源、会计、商业智能、技术支持等。建立这样一个平台，甚至有可能提供全新的服务。例如，你可以为中小企业创建一个社交网络（超越今天传统社交网络参与者所提供的），让他们相互交流、分享信息和比较策略。我们可以把整个主张称为小企业综合服务，也就是把你自己提供的服务与合作伙伴或子公司提供的第三方服务结合起来，通过你的平台为你的客户提供服务。当然，这样的主张需要与当前的云计算和在线参与者的服务竞争，但其想法是通过提供超越其他人所能做到的简单性和便利性来获得成功。

这有可能会获得很大收益。首先，这些小企业往往时间紧迫，很可能会愿意为了便利而支付高额的附加费。但同时，你也可以与平台上的第三方建立富有成效和回报的关系，因为他们有巨大的客户获取成本，并愿意为新客户支付大笔佣金，由于你的综合平台的优势，你能够为他们提供这些服务。

然而，重要的是要记住，企业改变其行为的速度很慢。创建一个小企业综合服务的主张将对吸引中小企业客户大有帮助，但仅这样做还不够。为了赢得客户并推动增长，你将需要一个极其强大而独特的核心服务作为你发展的关键，你将围绕它来定位所有其他的服务。例如，你可以建立一个满足小企业高度专业化需求的市场，以便最终帮助这些企业找到新的客户并实现增长。或者，你的支柱可以是一个面向中小企业的综合金融工具，将收入、支付、现金流预测等结合在一起。最后，你也可以把你的主张集中在一个面向新兴企业的平台上，帮助它们应对从头开始建立企业的许多挑战。具体需求：首先是帮助寻找资金以及提供建议、帮助寻找人才和联合创始人、企业注册、网站设计、支付、会计和银行业务。通过将这些需求和其他需求整合到一个综合主张中，你可以为这些新企业提供扩大规模并满足其关键需求所需要的一切。

一旦你收集了一系列不同的选择来发展你的主张，下一步就是根据你可能拥有的差异化能力或其他一些特殊优势，确定这些选择的优先次序并缩小选择范围。例如，如果你是一家传统上向中小企业提供商业贷款的银行，你可能有大量与新企业合作的经验，并积累了大量关于其需求和倾向的数据。这可能是追求以初创企业为中心的小企业服务平台的一个宝贵优势。如果你是一个信息技术供应商，或者，特别是如果你是一个云服务提供商，你可能已经拥有部署一个综合服务平台所需的许多数字能力，这将为你实现这些主张提供巨大的帮助。

在该流程的第2步，你需要评估生态系统需求：你需要填补的生态系统空白是什么？这部分意味着做出设计选择：纵向还是横向？你是否想为单一部门的小型企业服务，并专注于其具体需求？或者你是否想为许多不同部门的企业提供单一且专门类别的服务？纵向的小型企业服务主张最适合于那些需求特殊的客户。例如，一个农民的需求非常具体：天气数据、农艺建议、气候变化和再生农业方面的信息等。同样，医生或医疗机构的需求也非常具体：大量的管理需求、与私人和国家医疗保险系统的联系、诊断和药物基因组学。或者，一个横向的小型企业服务主张将侧重于为各种不同类型的企业提供一种特定类别的服务。

接下来，在第3步，需要评估你的小型企业服务主张的潜在生态系统竞争。你的传统竞争者，如其他银行、电信公司、保险公司等，可能也在考虑扩大规模以满足其客户不断变化的需求，但可能缺乏建立平台以及吸引第三方供应商成为其生态系统一部分所需的关键能力。极有可能，新的市场颠覆者带着整合的价值主张进入市场将是一个更大的威胁。这些参与者可能包括科技公司、云计算供应商或软件平台供应商，它们可能已经有了重要的数字能力，从而在建立一个综合服务平台方面取得了先机。它们也可能已经与第三方供应商建立了关系，可以将其引入自己的生态系统。随着传统经济部门之间的边界不断消失，我们可能会看到越来越多的这些综合服务者从事跨部门业务。

最后，在第4步中，你需要返回并以结构化的方式重复步骤1至步骤3。同样，这既是为了确保你在短期内得出最佳答案，也是为了保持你的方案灵活且适应不断变化的环境。例如，随着越来越多的企业参与到生态系统中，这可能会改变小型企业的需求，从而改变作为B2B服务的参与者对你的主张的看法。

正如我们之前所指出的，在本章中讨论的三个例子都涉及假定的一般公司。我们这样做是为了说明不同类型的参与者可以从不同的角度来完成适应生态系统经济的任务。但这样有可能给人一种印象，即这些过程都是抽象的或理论的，没有人在现实世界中成功地使用过它们。这与事实相去甚远。

事实上，在现实世界中，已经有许多公司成功地建立了完整的生态系统模式，或者正在朝着这个方向发展。其中许多公司已经使用了我们上文描述的过程的一个版本来开展业务，并取得了巨大的成功。我们不仅仅是在谈论科技公司和初创公司，也在谈论传统的公司。例如，OTP[1]是一家中欧银行，它

---

[1] OTP 银行前身为匈牙利国家储蓄银行，成立于 1949 年。——编者注

在 21 世纪第一个 10 年初期就意识到，如果只提供纯粹的银行服务，将无法留住年轻客户。该银行很快意识到需要一个更广泛的跨部门主张，也就是一个商业生态系统业务。

OTP 开始寻找有吸引力的客户主张，以瞄准其想要吸引的客户群。在此过程中，OTP 很快意识到，为了使这些主张具有吸引力，需要一个生态系统。OTP 最终设计的主张包括电影、节日、公共交通和许多其他功能的订票服务。所有这些都在一个名为 "Simple" 的平台上进行。通过创建一个广泛的综合生态系统，该银行能够占领市场，留住并发展其客户群，特别是其年轻人客户群。

南非的一家保险公司 Discovery 提供了另一个例子。该公司使用了类似的流程重塑其健康价值主张，发现未得到服务的客户需求，并从生态系统的角度解决这些需求。Vitality 是该公司基于科学的行为改变计划，它精心打造了一个由健康饮食、健身和健康服务组成的生态系统，其核心是积极的客户关系和积分计划。除了创造可观的经济价值，Discovery 还为客户带来了积极的健康结果，（根据 Discovery 的计算）其客户的预期寿命增加了 10 年甚至 12 年。其他公司仍处于建立生态系统业务的早期阶段：已经确定了想要参与的生态系统和想要创建的价值主张。但尚未完全证明，仍处于实施阶段，正如本书后面所述。

虽然我们在本章中探讨的每个例子都涉及非常不同的服务和需求，如出行、家庭和 B2B 服务，但每个例子都有力地表明如果你能够欣然接受生态系统思维方式，就可以创造新的价值。

但是，为了到达可以创造这种价值的地方，你需要为成功做好准备，你需要确定应该在哪里开展业务，以及应该如何发展你的主张。我们已经向你展示了如何做到这一点，现在是时候继续前进，开始问一些更深层次的问题，特别是关于你自己，以及你在你想象的新生态系统中应该扮演什么角色。第 5 章将讨论这个主题。

选择角色时需要注意的事项

当你在新兴生态系统经济中决定扮演什么角色以及如何发展你的主张能够具有竞争力时，应该避免犯以下几个错误。

1. 未能实现所有关键利益相关者体验的飞跃性改善

许多考虑在生态系统经济中扮演什么角色的公司都有令人难以置信的创新想法来扩展其主张。但这些公司没有意识到的是，除非其想法能够实现客户体验的飞跃性改善，否则不会成功。你不仅需要让你的客户生活得更轻松，还需要让自己的生活变得更加轻松。对于生态系统中的其他利益相关者来说也是如此。增加一些表面上的合作，在这里增加一项服务，或在那里增加一种新的连接形式，这肯定不足以给客户的生活带来有意义的改变。生态系统不是网页上一系列关联松散的服务，而是需要深度整合，是完全端到端的价值主张。从客户的角度考虑，一项服务需要比竞争者的服务好多少，才能真正脱颖而出。你不能只在边缘修修补补，你需要实现变革性的变化。最后，当你考虑改进时，确保考虑到每个关键的利益相关者，而不仅仅是你的客户。例如，在生态系统中，请确保你也专注于改善合作伙伴的体验。

2. 忽视客户细分和客户关注

公司在决定角色定位时经常犯错的第二个方面是客户细分。建立一个生态系统的最好方法之一，就是专注于特定的客户群，尤其是如果你是一家传统企业，并且缺乏初创企业通常所具有的技术优势。你不是为所有客户做所有事情，而是为特定类型的客户有意义地改善特定类型的体验。这意味着你要深入了解客户需求，围绕端到端的客户服务提出主张，并解决客户痛点。为部分客户实现显著的体验改善要比为大部分客户实现微不足道的体验改善要好得多。

3. 忽视客户持续参与的积极上升螺旋式发展

如今，大多数企业都没有足够重视建立一个积极的、自我强化的、螺旋式上升的持续客户参与模式。这是许多成功的生态系统企业背后的魔力，无论我们谈论的是亚马逊、腾讯还是苹果，它们都创建了一个循环，在这个循环中，参与、数据和情感联系有助于让客户更深入地参与到生态系统中，并更多地参与其产品和服务。更多的参与意味着更多的客户使用你的产品和服务，意味着更多的互动。反过来，互动的增加会产生更多的数据供你收集，你可以利用这些数据更精准地定制你的产品，以满足客户的需求和期望。你越是能够根据其个人喜好打造产品，就越能与其建立更深的联系。这又为整个循环提供了新的动力，更深层次的联系意味着更多的参与和更多的互动。这种螺旋式的增长一直持续下去，而且越来越高。

然而，许多企业因为没有足够重视建立积极的参与循环来激励这种螺旋式上升，正在错过这种积极螺旋式上升的巨大潜力。例如，建立积极的循环可能意味着通过用市场、社会关系以及忠诚度计划这样的黏性服务等元素将大量的参与者聚集在一起，从而形成一个所谓的网络效应。还有许多其他方法可以实现这样的网络效应。

4. 以牺牲客户价值来追求利润

最后，企业经常犯的第四个错误是让利润来指导其决定，而不是让价值创造来指导其决定。他们弄错了发展生态系统的最终目标是什么。亚马逊对客户价值的充分关注是如何避免这个隐患的典型例子。你真正需要问的问题是：如何真正为客户增加和提高价值？产生了什么积极影响？如何在此基础上不断改进？最终，把你的精力和注意力放在为你的客户提高价值上，会产生更好的结果。同样，我们所说的客户，是更广泛的意义上的客户，包括你服务的用户、你的合作伙伴，以及任何其他相关的利益相关者。

5

举全力：
在生态系统中找寻位置，选择角色并挑选合适的合作者

当我们继续穿越生态系统世界之旅时，我们的注意力将从在哪里玩的问题转向和谁一起玩的问题。在上一章中，我们为你提供了一个框架，用于在快速变化的生态系统经济中发展你的主张，并选择在何处发挥作用。你会记得，这一过程始于观察技术和消费趋势的变化，评估它们将如何影响你的主张，并通过利用这种变化找到前进的方法。然后继续对现有和新兴生态系统进行评价，对竞争进行判断，并对不断变化的环境进行反复地重新评估。

现在是时候将这一进程再深入一步了。现在需要回答的关键问题是：你在这个生态系统中应该扮演什么角色？还需要与哪些其他企业合作？毕竟，生态系统，顾名思义，是一个相互关联的企业社区，这些企业跨越了传统部门之间的界限。因此，生态系统与众不同的一个重要方面是其在连通性的基础上蓬勃发展。生态系统通过合作创造价值，然后在其不同的组成部分之间分享价值。

　　所以，如果你不能自己做，那将会置你于何地？你的合作者会是谁？你将在他们中占据什么位置？你将与他们有什么样的关系？

协调者和参与者

　　我们从角色问题开始。当企业参与到一个生态系统中时，必须与其他企业合作。然而，这种合作总是受到某种结构的指导，而企业可以在该结构中扮演不同的角色。一般来说，这些角色主要分为两类：协调者和参与者。我们值得花点时间更详细地探讨其中的每一个典型角色。

　　成为协调者就是成为生态系统的核心，扮演汇集其他参与者的中心角色。作为协调者，你通常有责任领导、组织和发展生态系统，以使其尽可能有效且高效。同时，你也有责任维护生态系统的平台或主干网，吸引新的参与者和客户，并确保整个生态系统一直是一个有吸引力的动态空间，让其他参与者愿意继续开展业务。另一方面，作为一个参与者，意味着加入一个由其他人建立的生态系统，并同意其条款。成为参与者可以带来巨大的好处，比如便于使用一个已经建立的客户界面和享有更广泛的潜在客户群，但这也是有代价的，包括需要分享你与生态系统协调者共同创造的部分价值。

　　以下是使协调者与众不同的一些关键特征：

- **平台**：首先，协调者拥有某种数字或物理平台或者公共线索，其他人可以利用它们来建立、分发或加强自己的产品和服务。该平台通常采取主干网、操作系统或市场的形式。

- **社区组织**：协调者起到各种社区组织者的作用，也就是说，他们招募、吸引、协调并保留社区参与者。协调者执行社区标准，并寻求反馈，以完善自己及其平台。

- **客户网络和进入市场的基础设施**：协调者利用他们的平台创造网络效应，将参与者与客户联系起来，有时还与其他参与者联系起来。换句话说，协调者将生态系统参与者聚集在一起，并为其提供服务以提高其产品报价并获得广泛的客户网络，从而帮助生态系统参与者茁壮成长。随着越来越多的客户加入，生态系统对参与者的吸引力越来越大。同样，随着越来越多的参与者加入，生态系统对客户的吸引力也越来越大。

- **资源**：协调者通常提供一系列资源，以帮助参与者建立主张并最终融入其生态系统。这些资源可以包括软硬件开发工具包、产品开发工具包、网络安全服务、计费和收款基础设施，及客户反馈机制等。

- **改进轨迹**：为了生态系统中各方的利益，协调者往往会不断寻找方法来加强平台的主张，进行创新并部署新的商业模式。

- **稳固的关系框架**：通常情况下，协调者使用各种不同的商业模式来构建他们与参与者的关系。例如，协调者与参与者分享收益的模式、参与者为加入生态系统而支付固定费用的模式、协调者以股权形式分享价值的股权分享模式，或平台向所有人免费开放源代码的模式。对于其中任何一种模式，协调者通常还会建立一个管理这种关系的框架。

同样，我们可以确定一些区分参与者角色的重要特质。正如你所期望的那样，这些特质与定义协调者的特质是相反的：

- **平台用户**：顾名思义，参与者依靠的是别人的主干网或平台。正如平台的所有者通常定义了协调者的角色，其他的人通常定义了参与者的角色。参与者对平台的依赖程度可能各不相同，但几乎在所有情况下，如果没有这样的平台或主干网（数字或物理的，有时是两者的结合），他们确实无法实现其价值主张的关键部分。

- **在平台之上构建**：通常情况下，参与者在协调者的平台之上构建自己的价值主张，或利用协调者的平台和工具来提供自己的产品和服务。在某些情况下，他们通过促进平台的发展来完善平台。

- **进入市场的基础设施**：参与者还经常利用平台供应商的基础设施，或利用它来增强自己的进入市场基础设施。这可能包括获取销售和营销渠道、客户反馈渠道和客户服务渠道。

- **遵守关系框架**：参与者通过与协调者达成协议加入生态系统。因此，参与者的承诺和责任较少，但协议可能会限制其灵活性，并要求参与者遵守协调者设置的规则。协议通常还涉及与协调者共享他们将共同创造的价值。例如，协议可能规定，协调者将占有一部分参与者利用协调者的平台产生的任何销售额。这部分将作为使用平台和享用制定价值主张所需的工具以及其他服务（如安全、计费、收款和持续改进平台）的补偿。

举两个典型角色的经典案例，考虑一下 iOS（苹果手机的操作系统）和安卓的应用商店。在这些案例中，苹果公司和谷歌公司显然是协调者。他们各自创建了一个环境，让第三方应用开发者可以在其中向消费者推销软件和各种主张。第三方开发者当然是参与者，作为使用苹果公司和谷歌公司平台销售其应用程序的特权的回报，他们为每笔销售支付一定比例的费用。然而，苹果公司和谷歌公司必须为这笔费用而付出努力，他们为应用程序开发者提供软件开发者工具包等资源；不断努力使自己的平台更强大、更可靠、更安全；最重要的是，将第三方开发者与使用其平台的大量客户联系在一起。每一方都提供了对方所需要的东西，如果没有第三方开发者帮助建立这些应用，苹果公司和谷歌公司就无法维持良好的应用市场，而在许多情况下，如果没有一个强大的网络来帮助客户获取其应用程序以及所有的配套基础设施，第三方开发者就无法生存。

另一个能很好地说明这种相互作用的案例是优步和来福特这样的共享汽车公司。与我们在上一章中讨论的未来自动驾驶汽车驱动的出行即服务主张一样，这些公司已经创建了平台，使第三方车主和司机能够联系上客户。优步和来福特充当协调者，建立各自的社区，提供资源来帮助司机，将他们与客户联系起来。而司机则是参与者，为客户提供出行的核心服务。平台运营商和第三方参与者，每一方都为对方提供了重要的东西。但平台的核心功能是协调活动，构建关系，并提供主干网。例如，提供计费和收款服务，并确保所有相关方的安全。

成为协调者的前景在很多方面都很有吸引力，但同时也伴随着责任以及更多令人头痛的问题。优势显而易见：不仅可以掌控自己的命运，影响参与者网络，而且由于创建了生态系统，你有权要求这些参与者补偿你所提供的巨大利益。参与者依赖于你，而且他们应该继续努力工作以履行参与者方的协议条款。然而，与此同时，有些人可能会觉得建立一个生态系统没有吸引力，这是有原因的。从零开始创建一个生态系统是一项艰巨的任务，需要投入大量的时间、精力和资源。对于那些不愿或不能做出必要的权衡和投入的人来说，这样的尝试可能是灾难性的。半途而废肯定会令人失望，要想真正成功，就必须全力以赴。即使你的生态系统建立起来，这个任务也没有结束。虽然你将享有先发优势，但还必须继续付出努力并投入资源来维护生态系统、更新平台保持一切顺利运行。

另外，参与者似乎是一个受限制的位置：作为一个参与者，你的许多需求依赖于一个外部实体，你把你的一部分价值用于支付参与生态系统的特权，你没有自由在各方面都做你喜欢的事，你有义务在协调者的规则范围内工作。然而，单纯的参与也有其优势。参与者不必为建立一个新的生态系统进行大量的投资，这样就可以有一个非常直接的途径来开发新的解决方案和价值主张，并且能够迅速地做到这一点。

协调者和参与者之间的这种关系可以由几种不同的商业模式来管理，这对每个参与者如何有效地融入生态系统具有重大影响。例如，一些生态系统采用了一种简单的商业模式，参与者支付固定费用，成为协调者生态系统的一部分，实际上是在为服务付费。更复杂的生态系统通常使用一种参与者和协调者分享共同创造的价值的商业模式，有时甚至与其用户一起分享。更复杂的生态系统甚至会使用股权分享的模式，其中一个协调者和几个参与者共同开发一个价值主张，然后协调者以股权的形式与参与者分享收益。其他生态系统采用开源的商业模式，参与者不向协调者付费，而是为改善平台做出贡献。在许多情况下，这些生态系统对所有感兴趣的参与者几乎都是免费开放的，但作为使用生态系统主干网的回报，协调者期望参与者将与更大的社区分享他们能够做出的任何改进。

最后，虽然每个位置都有其优点和缺点，但最重要的是你要培养一种生态系统思维。即使你缺乏协调的能力，或者无法建立一个生态系统导向型企业，学会从生态系统的角度思考问题也是非常有帮助的。这将扩大你的视野，并帮助你清晰地评估自己的主张，以便能够发展这些主张，从而领先于竞争对手以及满足客户不断增长的期望。毕竟，协调者和参与者对于创建成功的生态系统都是至关重要的，两者缺一不可。

灰色的阴影：各种各样的生态系统角色

　　虽然协调者和参与者之间的区别对于理解企业在生态系统中扮演的不同角色至关重要，但并不能呈现全貌。在现实中，协调者或参与者之间的选择并不是一个简单的二元决策。相反，这些原型角色位于一系列选项的两端，其中包括许多更细微的变化。选项的范围从极主动到极被动（见图5.1）。这本质上是一个你在创造价值的生态系统中有多重要，有多大的影响力以及有权分享多少价值份额的问题。

　　在纯粹的指挥者和普通的参与者之间，企业可以扮演介于两者之间的角色。例如，你可以成为别人生态系统中一个子生态系统的协调者。想想我们之前举的例子，一方面是优步和来福特，另一方面是苹果和谷歌的应用商店。优步和来福特等拼车应用是各自生态系统的组织者，但它们也是iOS和安卓应用商店生态系统的参与者。从某种意义上说，他们在自己的生态系统中协调参与者的活动；但从另一种意义上说，他们也受制于他人制定的规则。

　　你也可能会发现自己充当了一个混合角色，对生态系统关系的一个方面控制较强，而对另一个方面控制较弱。例如，如果你更像是一个后台操作员，那么可能对生态系统生成的数据有很强的控制，但对客户关系的控制则较弱。或者相反，你

图 5.1　角色定位的关键步骤和高度迭代过程

可能对客户的控制较多，而对数据的控制较少。你可以是一个
纯粹的参与者，但却活跃在多个生态系统中。或者在谱系的最
右端，你可能是一个普通的参与者，只活跃在一个生态系统
中，并且完全依赖于一个协调者。当考虑什么角色适合你时，
你可以先问自己一些问题。首先，评估一下你所追求的目标：
你想精心创建一个生态系统吗？在经历了我们在上一章中描述
的步骤之后，你可能对想要在哪里玩、想要采取的竞争姿态以
及需要做什么来发展价值主张有了一些想法。鉴于这些信息，
在你所选择的空间里进行协调的具体挑战是什么？你准备好面

对这些挑战了吗？可能你所选择的主张会涉及太多的启动成本，你最好利用别人已经建立的平台。最重要的是，你需要问问自己：尝试在这个领域组织一个新的生态系统是否可行？

接下来，假设你仍然对组织生态系统感兴趣，那么考虑一下你自己的历史背景和优势，包括你的能力、关系、经验和认知。你目前的部门关系是否和谐？对建立一个生态系统会有帮助吗？你在自己的传统领域工作中发展了哪些能力？这些能力对协调生态系统任务的适用性如何？你需要具备什么能力才能成功地实现你在上一章中提出的主张？在这些能力中，你缺少哪些？你是否有特定的优势，可以表明你最终可能成为一个什么样的协调者？例如，你是否有特别深厚的客户关系？你是否有一个有价值的数据集，可以表明关于你的市场或客户的一些重要见解？你是否有其他独特的优势？如实地回答这些问题将有助于你确定协调者是否是你的自然角色。

当你继续深入思考要扮演什么角色时，对你的想法进行精心安排可能会有帮助。在本章的剩余部分，我们将提供一个分步骤的过程，通过这个过程，你可以明确成功发展生态系统业务需要哪些能力和资产；决定如何获得这些能力和资产；决定需要哪些生态系统合作伙伴，以及哪些其他参与者最有能力与你合作。这些步骤是一个灵活的迭代过程的一部分，这意味着你可以在不同的步骤之间来回循环这个过程，直至制定出一份潜在合作伙伴的精简清单（见图5.2）。

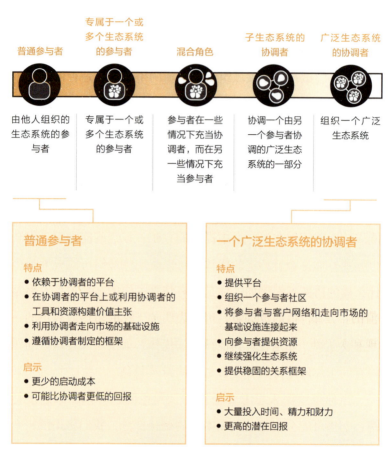

图 5.2　生态系统中的角色谱系

第一步是进行我们所说的生态系统必要性分析，这可以帮你列举并优先考虑生态系统所需的不同资产和能力。第二步是确定你是应该建立或收购一个生态系统，还是与已有的生态系统合作，以实现这些需求。第三步是确定哪些潜在的合作者最适合帮助你获得那些你需要合作才能获得的资产和能力。

我们从建立生态系统的必要性分析开始。回想一下你在上一章中提出的价值主张，列出你执行该主张所需的资产和能力，即技术知识、硬件或软件、客户群、供应商关系、数据、走向市场的基础设施。当你这样做时，一定要考虑到不断变化的消费者行为和技术前景。生态系统主张最常需要的资产和能力通常分为几类：平台或主干网能力、产品/服务能力、走向市场能力和客户能力。

平台或主干网能力是指建立和维护强大的数字或物理平台以创建你的生态系统所需的能力。产品/服务能力是指扩大、扩展或改进产品所需的能力，包括改进产品的关键数据、加强产品/服务所需的关键缺失技术，或其他一些有价值的信息或知识。走向市场的能力包括渠道提供、获取、实现和关系维护。最后，客户能力包括产品的售前和售后服务能力。这个清单并不全面，但希望它可以作为思考你的主张所需能力的出发点。

一旦你开始缩小清单范围，并根据自己的情况进行调整，你就可以将其输入到生态系统需求分析矩阵（表5.1），记录下哪些参与者（包括你）现在拥有这些能力，哪些人可能在未来获得这些能力。希望所有汇集的这些信息能帮助你确定哪些角色最适合你，以及哪些角色对你来说可能是一个困难的任务。如果一个角色是一个困难的任务，这并不一定意味着你不应该追求它，只是你将面临额外的挑战，你需要为此做好准备。在任何情况下，了解所涉及的内容和你将面临的挑战都是

表 5.1　生态系统需求分析矩阵

平台				
	现在的位置		未来的位置	
	你的	竞争者的	你的	竞争者的
数字的或物理的				
市场				
操作系统				

产品／服务能力				
	现在的位置		未来的位置	
	你的	竞争者的	你的	竞争者的
关键的技术诀窍				
数据获取与占有				
合理产品／服务扩展 用于扩大和深化产品				

走向市场的能力				
	现在的位置		未来的位置	
	你的	竞争者的	你的	竞争者的
渠道提供和获取				
现有关系的深度、广度和范围				
新兴关系				

客户				
	现在的位置		未来的位置	
	你的	竞争者的	你的	竞争者的
售前和售后客户服务（解决问题）				
客户成功——用你的产品确保并推动为客户提供价值				

各种各样的／其他的				
	现在的位置		未来的位置	
	你的	竞争者的	你的	竞争者的

有帮助的。通常协调者至少要在这些关键能力中的几个方面处于优势地位，然后利用这一优势来确立自己的地位并构建生态系统，这有助于协调者吸引新的参与者来补充他们可能缺乏的能力。

生态系统必要性分析

将所有这些信息汇集到一个地方，会为你打下一个基础，从战术上和实践上选择最适合你情况的角色，决定你应该处于什么位置。你在哪里有自然的所有权，在哪里没有？在没有的地方，如何通过引入其他参与者来增加你的资产和能力？

建立、收购还是合作？

虽然引入其他参与者肯定是有效的，但这不一定是所有情况下的正确选择。合作是获得所需资产和能力的一个好方法，但肯定不是唯一的方法。例如，你可以自己从内部发展能力，或者如果你有资源，可以收购一家已经发展了这些能力的外部公司。在特定情况下，做出正确的选择可能是一个挑战，但你可以通过权衡几个关键因素对情况进行评估。

首先回顾一下你的生态系统必要性分析。你也许还记得，矩阵中的每一个项目都代表着一种资产或能力，这些资产或能力是按照前一章中的计划发展你的价值主张所必需的。每种资产或能力都有可能通过以下几种方法之一获得：自行开发，收购已经拥有这些资产或能力的其他企业，或建立生态系统合作关系。为了决定在每一种情况下采取哪种途径，你必须根据以下两个标准来判断自己的资产和能力：自己开发的难度以及开发之后维护的难度。开发资产和能力的难度指的是评估所需要投入的时间和资源以及所需要的关注程度。维护资产和能力的难度指的是为保持资产处于良好的运行状态所需的资源和关注程度。考虑维护资产或能力的难度时，请考虑是否有必要的技术专长来不断调整新的资产或能力，以适应不断变化的技术环境？你是否有足够的资金来管理此类大规模资产或能力可能带来的问题？

使用这两个标准（开发难度和维护难度），你可以将生态系统必需品分为不同的类别：易于开发、易于维护以及易于开发但难以维护等。为了给这个操作提供一些结构，可以使用一个四个象限的网格，我们称之为构建、收购或合作网格。

建立、收购或合作网格

如图 5.3 所示，开发或维护某项资产或能力的相对难度有助于确定获得该资产或能力的最佳途径。如果一种能力很容易开发，并且不需要太多的努力或专业知识来维护，那么它应该很容易由自己有组织地构建起来。如果所谈论的资产或能力较难开发，但容易维护，就可以考虑收购一个已经开发了这种资产和能力的外部企业，将其的业务纳入自己的业务中，这样做可以为你节省宝贵的时间。最后，如果你需要一种既难开发又难维护的资产或能力，最佳获得途径可能是生态系统合作。通过结构化的合作，将具有必要技能或资产的参与者企业纳入你的生态系统，可产生两全其美的效果。你将获得所需要的能力，而不必费力地自行开发或维护。考虑潜在的生态系统合作者时，我们将关注图 5.3 右下方的象限。

图 5.3　建立、收购还是合作？

挑选合适的合作者

确定了最适合你的角色并确定了承担该角色所需的资产和能力之后，下一个合乎逻辑的步骤是确定你的生态系统中还需要谁。本章开头提到，生态系统必然是不同企业共同工作的社区。你根本不可能独自完成所有的工作。现在是时候决定实际情况会如何了。你的合作伙伴会是谁？你们每个人都会带来什么？这些资产和能力将如何共同发挥作用？

首先要明白的是，为了在新的生态系统经济中生存下去，你需要扩大关系的深度和广度。也就是说，你需要大幅增加合作伙伴的数量，但你也需要让这些关系变得更有价值。如今，许多企业会审视其目前的合作关系，并设法说服自己，认为自己已经做得足够多了。但如果从实际出发，这些企业就会发现自己做得还不够。在许多情况下，它们所参与的生态系统合作实际上是表面上的单方安排，例如分销关系或产品关系。对一些人来说，"合作"这个词已经成为一种为传统的供应商—客户关系披上了一层复杂外衣的手段，即假装正在建立一个生态系统，却没有真正投入必要的努力。但是，如果你所建立的生态系统完全由你向其购买东西或卖东西的企业组成，那么它就不是一个真正的生态系统，至少按照我们的定义是这样的。这种区别的基本特征之一是集体价值创造的存在。也就是说，在真正的、基于生态系统的关系中，合作伙伴一起做大生态系统，然后分享价值。这种关系不是交易关系，而是合作关系。

通过分析企业参与的所有不同类型的合作，我们可以发现，传统的分销–供应商关系与更深层次的、战略整合的、基于生态系统的合作之间有着明显的区别（见图5.4）。

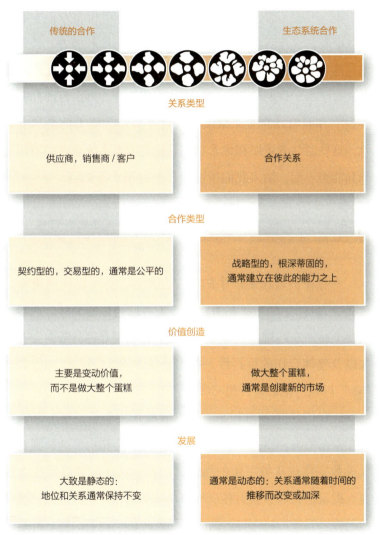

图 5.4　合作的连续性

　　考虑到所有这些，在组建你的生态体系时，你要清楚地知道自己真正参与的是哪种合作以及合作的目的是什么。

　　下一步是获取需要生态系统合作的资产和能力，弄清楚哪些潜在的合作者最适合帮助你获得这些资产和能力。换句话说，这些是构建、收购或合作网格中右下象限中的资产和能力。对于属于该网格部分的每项能力或资产，列出目前拥有这些资产和能力并在未来继续拥有这些资产和能力的参与者名单。这些参与者可以和你希望用其构建生态系统业务的不同资产和能力一起，纳入我们所说的合作矩阵（表 5.2）。

合作矩阵

　　要想评估合作矩阵中的潜在合作者，你可以使用被称之为吸引力 / 可行性分析的方法。正如你所期望的那样，这涉及用两个标准来判断每个潜在的合作者：他们对你的吸引力有多大以及整体合作的可行性，换句话说，"我们是否想与他们合作？"以及"他们是否想与我们合作？"

　　让我们从吸引力开始。你可以检查几个子类别，以评估潜在生态系统合作伙伴的吸引力。第一，合作伙伴是否拥有大规模数字化或非数字化的活跃客户群，从而能够以低成本快速、批量地获取和吸引客户？如果做不到这样，那么他们能否帮助你以低成本建立自己的大规模客户群？他们的客户群是否会在特定目标和细分市场方面补充你现有的客户群？第二，考虑合作伙伴的数据资源。他们是否拥有富有洞察力的终端客户数据来补充你现有的数据集？这些数据是否为消费者行为和偏

表 5.2　合作矩阵

平台	
	潜在的生态系统合作伙伴
数字的或物理的	
市场	
操作系统	

产品 / 服务能力	
	潜在的生态系统合作伙伴
关键的技术诀窍	
数据获取与占有	
合理产品 / 服务扩展 用于扩大和深化产品	

走向市场的能力	
	潜在的生态系统合作伙伴
渠道提供和获取	
现有关系的深度、广度和范围	
新兴关系	

客户	
	潜在的生态系统合作伙伴
售前和售后客户服务（解决问题）	
客户成功——用你的产品确保并推动为客户提供价值	

各种各样的 / 其他的	
	潜在的生态系统合作伙伴

好提供了新的见解？他们能否帮助你利用这些数据，以较低的客户获取成本来识别潜在的高价值和未得到充分服务的客户？他们能否利用所掌握的数据帮助你开发令客户满意的新产品和服务？第三，考虑一下潜在的合作伙伴获取客户的能力如何。他们是否有多种有意义的方式与客户互动？这些接触点是否支持客户获取、客户参与以及后端运营？第四，最重要的可能是资产和能力。合作伙伴是否有能力和资产来加速发展和实施与其他参与者的合作？顺便说一句，我们应该明确指出，这一系列标准和问题只是衡量潜在生态系统合作伙伴吸引力的一个出发点。根据你自身的背景，可能还需要考虑许多其他因素。但最基本的是，你需要确定潜在合作伙伴是否能够帮助你为客户提供更多价值。

一旦你评估了影响吸引力的因素，反过来问问自己，潜在的合作伙伴与你合作是否有意义。同样，你可以参考几个子因素进行评估。第一，考虑潜在合作伙伴的现有合作伙伴。其中有你的竞争对手吗？他们是否复制或补充了你带来的资产和能力？第二，评估潜在合作伙伴对你的资产和能力感兴趣的程度。从它们的角度来看，你的客户群有多大用处？你的数据集和价值主张可以在多大程度上帮助他们改进服务产品？第三，根据已建立的合作关系和战略优先事项的跟踪记录，考虑合作伙伴在更长时间内合作的意愿。他们是否与你有着深入合作和创造价值的共同愿景？第四，考虑潜在合作伙伴是否有能力从讨论合作快速过渡到实施合作。他们是否像你一样致力于增进合作并助其蓬勃发展？

　　当你从合作关系矩阵中筛选出潜在的生态系统合作者的名单时，请思考每个参与者如何满足这些标准。在此基础上，你可以进一步精简名单，并优先考虑首先要接触的对象。当然，我们的目标是找到那些真正与你有共同愿景的合作伙伴，他们拥有你实现愿景所需要的东西，并且他们非常适合你所设想的新生态系统。

例1：家庭生态系统

　　当然，抽象地讨论这一切是一回事，在实践中看到的又是另一回事。为了让你更深入地了解我们在此谈论的内容，可以通过几个例子来探讨这些问题。我们可以从一个已经很熟悉的例子开始：在第四章讨论的家庭领域的参与者。

　　你也许记得，我们想象了一个家庭领域的普通参与者，也许是暖通空调设备供应商，也许是软件或云计算参与者，甚至是天然气或电力公司。现在，我们进一步设想，这个参与者有兴趣提供一种我们称为"舒适和安全服务"的主张，换句话说，客户为这种服务支付周期性费用。作为回报，该服务保证客户家中的温度和湿度等参数始终保持在一定范围内，并保障房屋的监控和安全。在上一章中，我们介绍了几个现有家居企业是如何权衡这一主张的，即研究其不断发展的客户群和客户需求，评估生态系统的状况，确定是否需要一个生态系统，然后再评估竞争情况。

现在让我们继续讲述这个故事，并考虑这样一个家庭参与者如何选择角色和挑选生态系统合作伙伴。比如，你是一家暖通空调设备制造商，希望提出"舒适和安全即服务"的主张。你首先要做的是决定扮演什么角色。换句话说，你会把这个新的生态系统整合起来吗？还是需要寻找一个由其他人精心组织的生态系统？然而，正如我们之前所解释的，这种选择不仅是在两种可能性中进行选择，还要确定你在各种选择中的位置。假设你有成为协调者的志向，首先要问自己一些关键问题：过去的经验对你作为协调者有多大帮助？作为协调者，你真的能比作为一个参与者为你的客户和生态系统中的其他人提供更多价值吗？

接下来，将开始你的生态系统必要性分析。问问自己你需要什么样的资产或能力才能在这个"舒适和安全即服务"的主张中取得成功？例如，你需要有能力组装和配送必要的暖通空调设备、安全摄像头和其他实体基础设施。幸运的是，这可能是你作为一个设备制造商已经具有的能力。但是，这样的参与者有可能缺乏其他一些关键能力。例如，安装和维护这些设备的能力，这可能超出了你当前的运营范围。也许最重要的是，你需要一个在线平台来连接所有的装置、传感器以及其他设备，以便创建用于实时远程数字监控的数字孪生。这个在线平台还将允许客户在一个地方进行调整、接入相机镜头并管理订购。相比之下，云计算或软件公司一开始就有强大的平台建设能力，但缺乏制造和配送暖通空调设备的能力。

无论情况如何，此刻你将生成一个清单，列出使你的主张成为现实所需的所有资产和能力。接下来需要做的是给你的清单提供一些结构安排，并开始使用它来规划你的前行之路。最佳的实施方法是使用生态系统必要性分析矩阵。表 5.3 所示的矩阵中所填入的资产和能力是一个假设的样本，以显示一个精心设计"舒适和安全即服务"主张的参与者可能出现的情况。

一旦你把这些关键的必要能力列在矩阵中，就认真审视一下自己，问问自己当下是否拥有这些能力，或者未来你是否可以拥有这些能力。重要的是，不要在这里自吹自擂，这个过程的目标不是庆祝你的成就，而是对实现你的愿景所需的改变进行清晰地评估，并最终确定你应该扮演什么角色。如果答案是否定的，你需要确定如何获得这些能力。同样，有几种方法可以做到这一点。你可以试着在内部自己开发，还可以收购一家已经拥有这些能力的外部公司，或者你可以建立一个生态系统合作关系。

要决定哪种选择最适合于每项资产或能力，要考虑开发和维护它们的相对难度。有些资产或能力可能很容易开发，也很容易维护。如果你是一个软件或云计算参与者，为"舒适和安全即服务"的主张建立一个数字平台，可能完全适合你的方向。而且，有了对此类系统有着丰富经验的优秀开发人员团队，维护平台的难度也会降低。在这种情况下，由你自己在内部构建这种能力显然是一个有利的选择。但如果你是一家暖通

表5.3 生态系统需求分析（家庭生态系统案例）

平台				
	现在的位置		未来的位置	
	你的	竞争者的	你的	竞争者的
• 连接所有安全与舒适设备以收集数据 • 监测和控制关键参数 • 根据收集的数据使用算法智能修改参数 • 利用第三方平台为生态系统中的客户提供产品和服务 • 销售自己的产品和第三方产品 • 对生态系统中每个人提供的服务进行计费和收费 • 构建数字孪生				

走向市场的能力				
	现在的位置		未来的位置	
	你的	竞争者的	你的	竞争者的
• 带动销售的实体和数字合作 • 你所拥有和控制的渠道和销售队伍 • 售前和售后渠道支持				

客户				
	现在的位置		未来的位置	
	你的	竞争者的	你的	竞争者的
• 设备安装 • 设备维护和维修 • 确保客户满意的持续客户服务				

空调设备制造商。在这种情况下，建立一个复杂的云在线平台可能是一项艰巨的任务，事实上维护平台也是如此。然而，如果是这样的话，那么考虑到这些困难，生态系统合作将是获得数字平台能力更加有效的方式。

通过将你所需要的资产和能力在构建、收购或合作网格中进行分类，你将更好地了解你在协调者与参与者之间所处的位置。如果组织、分销和进入市场的大部分结构性能力都在组织者的右下象限，这可能表示你更适合充当参与者，或者至少是参与者方面的角色。如果这些能力落在右上或右下象限，而更多的外围能力则落在右下象限，这将表明你更适合充当协调者。如果最重要的结构性能力均匀地落在组织者的身上，或者没有明显的模式，这就表明你也许最适合担任混合角色，处于谱系的中间位置。如果是这样的话，要确定你到底属于哪种角色，以及这种角色到底是什么样子的，就需要仔细关注细节，再反复进行几次能力评估过程，并给出判断。

一旦你确定了哪些资产和能力需要自己开发，哪些需要通过生态系统的方式获得，下一步就是开始寻找和评估潜在的合作伙伴。从你在构建、收购或合作网格中右下象限的资产和能力清单开始，也就是说，从那些最适合通过生态系统合作获得的资产和能力开始。当你把这些资产和能力纳入合作关系矩阵时，考虑一下哪些合作者有可能为你的生态系统提供这些资产和能力。例如，如果你是一家暖通空调制造商，基于云的平台可能会落在构建、收购或合作网格的右下象限，因此，你有理由开始考虑哪些云技术参与者可以为你的生态系统很好地构建这样一个平台。

一旦你的合作关系矩阵完成，你就可以根据我们之前提到的两大类标准——吸引力和可行性，对不同的潜在合作者进行评估，精简你的候选人清单。例如，如果你是一家暖通空调设备制造商，那么在线或软件公司将是理想的选择，因为他们将很好地填补你在构建平台方面所缺失的关键能力。他们是有吸引力的潜在合作者。（需要注意的是，在这种情况下，与在线公司合作可能会带来风险，将你置于"脱媒"地位，因此你最好谨慎行事。）同时，你也带来了一些重要的东西——你的设备，这对你的价值主张至关重要。这使合作更加具有可行性。一旦你生成了潜在合作者的候选清单，你会想要重复几次整个过程，在各个环节来回循环，直到你确信已经确定了最有希望的候选人。

例2：支付金融技术

　　继续说下去，让我们考虑如何在一个略有不同的背景下解决这些问题。假设你是一家金融技术（或金融科技）领域的公司。想象一下，你可能是一家提供支付功能的金融科技公司，也可能是一家具有支付能力的银行。让我们进一步假设，通过我们在前一章所阐述的过程，你已经决定要让自己与众不同，即将业务扩展到支付业务之外，提供包括电子商务在内的价值主张。所谓电子商务，指的是在线市场的功能。在这个市场中，客户和商家可以在一个基于你的支付基础设施的平台上买卖东西。要做到这一点，你已经确定需要一个生态系统。

　　首先要做的是选择你将在新的生态系统中扮演什么角色。

当然，更具雄心的选择是协调者，围绕你自己的平台引入各种不同的生态系统合作伙伴，以促进电子商务价值主张，并最终使客户的生活更加便利。但你可能会发现，你缺乏能力或资源，无法围绕你的价值主张召集这样一群参与者。更好的选择是只与其中一个参与者合作，共同构建一个平台。在这种情况下，你可能不是协调者，但也不仅仅是一个普通的参与者。毕竟，你将提供生态系统其他部分所依赖的关键技术。另外，你可以选择成为一个普通的参与者，你可以确定一个早期的电子商务平台，并作为一个关键的差异化供应商加入，向现有平台上的其他参与者提供你的支付系统。

但让我们暂时假设，你渴望协调想象中的支付和电子商务的综合生态系统。下一步是进行生态系统必要性分析，换句话说，开始考虑你需要协调哪些能力。首先，你需要一个数字平台，把你的支付服务和电子商务结合起来，以及（如果需要的话）许多其他相关的附加服务，如忠诚度积分计划、游戏化的点对点支付（与聊天或其他社交应用程序整合的支付功能）、B2B服务（如会计、法律和人力资源）等。鉴于你的起点是支付金融科技公司，你有可能已经拥有了某种平台，但它可能不具备你提供这种新的价值主张所需的所有要素，你可能需要对其进行修改、改进或扩展。你还需要哪些资产或能力？吸引、签约和留住客户的能力，即营销、促销、分销渠道、供应链、正向物流和逆向物流等。

其中一些资产和能力可能比其他的更容易自己建立和维

护。想象一下，将它们绘制成一个建立、收购或合作网格。正如我们所提到的，你可能已经有了一个平台，所以你可以通过修改或增加现有的平台来相对轻松地构建一个电子商务平台。另一方面，分销渠道、供应链和物流则是另一回事。试图自己建立这些能力，组建一个仓库，解决运输、退货以及其他一切问题，将是一个非常复杂且艰巨的任务，而维护这些能力会更加困难。出于这些原因，你的最佳选择是通过生态系统合作获得这些能力，将外部参与者纳入一个共享价值创造关系。

接下来，在你确定需要通过生态系统合作获得哪些资产和能力之后，要弄清楚哪些参与者最适合提供这些资产和能力。调查所有目前拥有这些能力或将来可能发展这些能力的参与者（无论他们目前是否在你所处的部门）。考虑哪些对你最有吸引力，例如，哪些参与者不仅可以提供你急需的能力，还可以提供强大的客户基础？然后，考虑哪些参与者有最强烈的动机与你合作，并作为参与者加入你的生态系统。

例 3：健康

在本章的最后，我们将通过某种不同的视角来考虑扮演什么角色和选择哪些合作伙伴。想象一下，你有一家健康领域的公司，或者想进入该领域。你也许有一家保险公司、一家医疗设备制造商，或者一家云计算或软件公司。通过遵循我们在第四章中阐述的过程，你已经决定在哪里开展工作，以及如何发展你的价值主张，以满足不断变化的客户需求和客户群。让我们想象一下，你已经决定追求一个综合健康和保健服务的主张，一个客户可以通过它找到解决其所有健康和保健需求的中心。这不仅包括医生诊断、跟踪生命体征、获得个性化治疗（基于遗传信息）和管理保险索赔等功能，还包括提供锻炼课程、跟踪健身和饮食习惯以及管理心理健康。随着主张的确定，让我们假设你已经确定需要一个生态系统来实现该主张，这意味着你需要要么建立一个生态系统，要么加入一个生态系统。现在的问题是：你应该在这个生态系统中承担什么角色？你能在多大程度上负责这个生态系统，或者在多大程度上想要负责这个生态系统？从协调者到参与者，你应该处于什么位置？

首先，确定你是否有协调生态系统的志向。正如我们之前所讨论的，这是一个困难的决定，在很大程度上取决于你现有和未来的潜在能力。成功地做到这一点，你不仅有希望获得金钱上的巨大成功，还能为人们的生活带来有意义的改变。鉴于这一切，你需要如实地问自己：作为一个生态系统协调者，你真的能为你的客户提供比你加入别人的生态系统更多的价值吗？

接下来，进行生态系统必要性分析。首先要考虑实现你的主张所需的所有资产和能力。你所期望的主张可能需要一个数字平台来整合你将提供的所有不同的健康和保健服务。你需要一种吸引、签约和留住客户的方法。你将需要医生和保险公司以及健康和健身供应商网络，需要持续的客户服务、营销、推销等。现在的问题是：你已经拥有哪些资产和能力？你需要获得哪些资产和能力？

例如，如果你是一家健康保险公司，你可能已经有能力帮助客户处理索赔问题，并且你可能与医生和其他专家等医疗从业者有很强的联系。然而，你可能缺乏那种大规模的、面向客户的数字平台，而这种平台是将你的理想主张结合起来所必需的。您可能还需要考虑监管要求。如果你是一家云计算或软件公司，创建这样的平台会容易得多，但你可能缺乏其他资产或能力，比如驾驭医疗官僚机构或监管制度的能力，或者记录和跟踪客户生命体征的能力。当你思考这些必要的资产和能力时，可以通过利用生态系统必要性分析矩阵使你的想法系统化。

然后，你可以将这些所需资产和能力放入构建、收购或合作网格中，以确定哪些能力应在内部开发，哪些应通过收购获得，哪些应通过生态系统合作获得。要决定哪种途径最适合每项资产或能力，需根据开发和维护的难度对其进行评估。正如我们在本章前面所述，位于网格右下象限的资产和能力，即难以开发和维护的资产和能力是最适合通过生态系统合作获得的。因此，如果你有一家健康保险公司，为了整合你的生态系统所需要的数字平台很可能属于这一类。如果你有一家云计算或软件公司，你可能想要引入一个医生网络作为生态系统合作伙伴。

一旦完成了你的构建、收购或合作网格，你就可以选择哪些合作者可以最有效地帮助你完成生态系统。现在要开始缩小你需要的合作者范围，并开始构思你如何优先考虑他们，考虑潜在的给予和获得，你应该用什么类型的商业模式来构建你与合作者之间的关系。接下来，利用你的合作矩阵来确定哪些潜在的合作者能够很好地提供你所需要的资产和能力。例如，如果你是一家云计算或软件公司，你可能需要诸如医疗设备技术（用于收集和监测关键的生命体征和其他必要的健康参数）、保险和健身追踪等能力，因此在你的合作矩阵中出现的一些参与者可能包括保险公司、医院、健身追踪公司和医疗设备制造商。另外，如果你有一家保险公司，你很有可能需要一个数字平台，因此你的合作矩阵可能包括云计算或软件公司。

最后，一旦完成了合作矩阵，你就可以将不同的潜在合作者缩小到一个简短清单中，评估合作者的吸引力和匹配的可行性：他们想与你合作吗？你想与他们合作吗？

我们希望到目前为止，合作在形成强大生态系统方面的力量已经显而易见。将其他参与者纳入进来，并与他们合作创造价值，这会让你有能力建立比你自己所能建立的更多，即使你来自一个拥有巨大权力和影响力的位置。归根结底，生态系统与建立社区有关，并将具有不同利益的各方聚集在一起，具有为客户的最大利益服务的真正精神。

一旦你决定了如何发展你的主张，选择了在哪里发挥作用，选择了你的角色，选择了合作伙伴，剩下要做的唯一一件事就是从内部改造你的组织，以维持和促进你正在计划的变化。这意味着重新思考你工作方式的方方面面：组织和运营模式、对人才的态度、绩效管理风格、文化建设以及支持性基础设施。所有这些都是我们将在下一章中讨论的内容。

选择角色和评估合作伙伴时应注意的事项

1. 对"合作"的真正含义缺乏明确的认识

正如我们前面提到的,许多公司认识到了生态系统合作的重要性,并且真正想采取措施来建立合作关系,但却对合作的含义和投入的深度缺乏明确的认识。他们认为可以简单地把目前正在做的事情换个名字就可以了。因此,许多企业会吹嘘"合作",但事实上,这只是一种单一的供应商或客户关系,即使在涉及使供应商相互竞争的重要招标(RFP[①])过程的情况下也是如此。真正的生态系统关系要复杂得多,并且在不断发展,涉及联合价值创造、整合团队等。同样,把你现有的客户和供应商关系称为"合作"本身并没有错,但这样做会分散你的注意力,使你无法完成更有意义的任务,即构建更深入、更全面的生态系统,为你在未来取得成功奠定基础。

2. 过于强调你的起点

当开始考虑生态系统时,许多公司都受到其现有组织和传统工作部门的影响,这是可以理解的。这可能会让你在考虑扮演什么角色或选择哪个合作伙伴时得出错误的结论。犯这种错误的公司往往缺乏雄心壮志,过于专注于他们"有权发挥"的地方,或者如何建立传统优

---

① Request for Proposal 的简称。——编者注

势，而不是发展新的优势。他们最好将精力集中在寻找利用生态系统扩大其影响范围的富有想象力的可能性上。

3. 高估自己的协调能力

几乎每个人都倾向于认为自己比别人强，即使没有足够的证据支持这种信念。我们都是这个陷阱的受害者。在心理学上，这被称为虚幻的优越感，是一种认知偏见，导致我们忽视或最小化自己的缺点，并高估自己的能力。例如，绝大多数美国司机（约四分之三）认为自己的驾驶技术高于平均水平的司机。生态系统世界也不例外。如果你高估了自己的协调能力，这不仅会导致你错过适当关注生态系统经济可能带来的好处，而且还会把你的注意力转移到可能永远不会有结果的努力上，浪费你的时间。

4. 陷入繁文缛节

尤其是当更大、更成熟的公司对建立生态系统感兴趣时，我们往往会看到参与者陷入过于复杂的管理流程。在引入新合作伙伴时，你希望避免经历太多的委员会、会议、法律审查和其他流程。你需要快速行动并制定动态敏捷的流程。尽可能地简化和无缝衔接将有助于让参与其中的每个人都有积极性，并对这种合理的安排感到满意。

6

适者生存——由内而外的改变：如何实现跨越式发展

在前两章中，我们为你提供了一些利用新兴生态系统经济的实用方法，你可以自己建立一个新的生态系统，或者加入别人的生态系统，甚至是介于两者之间。然而这只是等式的一边。决定在哪个领域发展你的主张，选择扮演什么角色，以及与谁合作，这些步骤只能帮你到此了。要真正实现飞跃并在新的生态系统世界中获得成功，你需要从内部进行变革，你需要由内而外地改造你的组织。

正如我们之前所说，当涉及建立生态系统业务时，半途而废不可能有什么好结果。只做表面上的改变是不可行的，事实上，这样做只会因浪费宝贵的时间而丧失机会。在边缘地带修修补补也无济于事，你需要从根本上重新思考你的方法。因此，为了帮助你处理这项任务，我们把需要关注的关键因素分成了五个独立的类别：组织和运营模式、人才、绩效管理、基本文化和支持性基础设施。

虽然下面的建议似乎最适用于生态系统组织者，但我们应该明确指出，其中大部分建议同样适用于参与者，甚至是那些没有想加入生态系统经济的企业。毕竟，并不是所有的企业都想要或需要开始一段生态系统之旅。虽然我们刚刚列出的五个类别每一个都非常重要，但它们并不需要按照特定的顺序连续进行。当你努力建立一个成功的生态系统企业时，你可以按照任何你需要的顺序来处理这些问题。在生态系统经济中，企业将面临一系列艰巨的新挑战：意想不到的竞争、长期存在的优势被削弱，以及一个越来越不可预测的环境。为了取得成功，公司将需要一种全面的方法，这种方法涉及所有这些领域的根本性的重要变化。

组织和运营模式

　　要满足新兴生态系统经济的要求，最困难的一部分是在一个尚未搭建起来的组织框架内建立一个生态系统导向型企业。为了成功地建立生态系统导向型企业，你需要设计一个新的组织模式。这显然不是一项小任务，但正如我们已经多次强调的那样，利用新兴生态系统经济是一项需要根本性变革的工作。鉴于这项工作的重要性，建立一个生态系统导向型企业的工作必须成为企业首席执行官、高级管理层和董事会的首要议程。

　　但是，除了成为高级管理层的优先事项外，生态系统也需要在其他方面塑造你的组织模式。例如，你需要仔细考虑你正在盘算的生态系统业务将如何适应你的组织模式和管理结构。我们的研究表明，绝大多数不成功的生态系统建设可以将其失败的原因追溯到管理方法的缺陷。这是可以理解的，因为为传统部门的企业所设计的组织结构并不适合跨部门的生态系统企业。

有两种类型的管理是我们需要关心的。一种是决定在更广泛的业务中将生态系统业务置于何处。另一种是决定如何管理生态系统本身，如何确定谁得到什么？如何处理安全问题和开发问题？如果其他人对生态系统有所贡献，那么除了传统的价值共享分配，他们将如何得到补偿？如何监管你的生态系统，以确保合作伙伴和参与者没有利用生态系统，也没有做伤害他人的事情？在权衡所有这些问题时，也许最重要的是深思熟虑，有目的地选定一套指导原则，然后使这些原则透明化，并使其能够确保每个参与者都处于一个公正合理的位置。

根据你的起点、追求的目标以及其他一些因素，你将有一系列不同的选择，来决定跨部门生态系统业务在更大的组织中所处的位置。我们可以把这些选择看作一个光谱。一端代表你的生态系统业务完全适合现有核心业务的情况，在这种情况下，你可以将生态系统业务纳入为传统部门的企业组织模式（作为一个具有独特结构的综合部门）。另一种情况是，你的生态系统业务更像是"月球探测器"，从你在传统部门的现有核心业务中分离出来。在这种情况下，你可能需要建立更多的独立结构，就像在传统的投资机构或开发实验室中经常使用的那种结构，这将有助于吸引合适的人才并创建所需的焦点。大多数新的生态系统业务的构建都介于这两端之间。

　　你在这个光谱上的位置将决定你如何有效地培养创业精神，同时平衡你利用现有才能来扩展主张的能力。过于偏向一个极端会导致严重的问题，事实上，这也是一些生态系统失败的主要原因之一。如果离核心组织太近，其创新、创业精神就会被扼杀；但如果离得太远，企业就会努力扩大规模，并从协同效应中获益。因此，组织必须努力为其大部分生态系统业务找到一个"适居带"，至少到它们成功扩大规模并完全独立之前。也就是说，组织必须发展与核心业务不太接近，但也不能太远的生态系统理念。

　　许多现任者已经想出了明智的办法，能够确保准确找到这个"适居带"。一些企业已经形成了内部孵化器或加速器，它们在现有核心组织的边缘运作，目的是在两个世界选择最好的。这些内部孵化器或加速器通常为创业人才提供一个职位，比现有的核心业务部门组织所能提供的职位自由度更高，同时也与这些部门保持良好的联系。这使其处于促进创新的理想位置，但如果要建立真正的生态系统企业，还需要做更多的事情，也就是说，需要发展生态系统的能力。这些能力包括：具有跨行业视角和经验的领导才能（以阶段性的方法评估想法并管理其生命周期）；强大的核心合作能力（发展、培养和维持大量复杂的生态系统合作关系）；吸引和留住跨部门人才的高度网络化人力资源功能；使全新业务部门实现初创企业般高速发展的独立信息技术；与现有核心业务部门的明确联系或纽带（例如，在新的生态系统业务和现有的核心业务之间进行人才轮换，由现有的核心业务部门领导人担任关键的监督角色）。根据你在上述光谱上的位置，我们希望随着你的生态系统业务不断成熟和扩大，你会受益于综合型组织模式，其中生态系统业务成为组织的核心（在这种情况下，现有的核心业务和新的生态系统业务之间的分界线将逐渐消失）。这一点尤其重要，因为生态系统经济在更广泛的经济中占有越来越大的比重。

这些生态系统孵化器组织还需要熟悉管理新商业理念的生命周期，这在许多情况下意味着拥有适应能力很强的团队，可以在一组投资组合经理的监督下建立和测试生态系统原型。如果一个生态系统企业迅速发展，需要有一个路径让这些想法升级到更独立的地位，在这种情况下，企业将有自己的董事会、首席执行官和管理团队。当然，这些企业都需要实现其关键绩效指标（KPI），否则就会快速失败，面临倒闭。

无论你的生态系统业务处于什么位置，都需要新的工作方式和新的合作模式来达成目标。生态系统经济需要一个灵活、快速且适应能力强的组织结构。在此，我们可以从所谓的敏捷管理的实践中得到一些启发。这个概念最初只适用于软件开发，可以追溯到 2001 年发表的一份有影响力的文献，名为《敏捷软件开发宣言》（*Manifesto for Agile Software Development*），是由 17 名软件开发人员在犹他州的一个滑雪胜地撰写的。他们认为当时占主导的所谓重量级软件开发程序受烦琐的手续、官僚主义和消磨时间的工作所困，因此对寻找替代这些程序的方法很感兴趣。他们提出的解决方案是采用由动态的、自我组织的、多样化的团队进行快速、迭代开发的方法，并以非等级制的方式运行。传统的重量级软件开发模式（也被称为瀑布模式）强调的是一种缓慢的、极其细心谨慎的方法，这种方法试图囊括一切，满足每一个客户需求，同时是单一且漫长的开发周期的一部分（见图6.1）。

相比之下，敏捷方法只寻求快速解决客户的核心需求，然后根据客户的反馈和使用模式不断地更新产品。在信息技术和软件开发领域，这种模式取得了巨大的成功，并在几年时间里被广泛采用。开发人员发现，敏捷模式可以使其提高生产力，更快地完成工作，减少进度超时，并最终向其客户提供稳定性更强且质量更高的产品。

在取得这一成功之后，这场运动的原则很快就被运用在超出软件开发的范畴。在随后十五年左右的时间里，企业开始使用敏捷模式的原则，围绕更广泛的技术和产品制定战略，而不仅仅是软件。不久之后，企业领导人也开始将敏捷的核心原则应用于企业的组织结构和运营方式。毕竟，老式的、缓慢的、瀑布式的软件开发模式所隐含的问题，在很多情况下也是企业的官僚组织结构所固有的。这也就意味着解决方法是一样的。正如《敏捷时代》（*The Age of Agile*）一书的作者斯蒂芬·丹宁（Stephen Denning）在《福布斯》（*Forbes*）杂志上所解释的那样："敏捷的出现是一场超出软件范畴的巨大全球性运动，其动因是人们发现组织应对当今快速变化的客户驱动市场的唯一途径是变得敏捷。敏捷使组织能够掌控持续的变化。

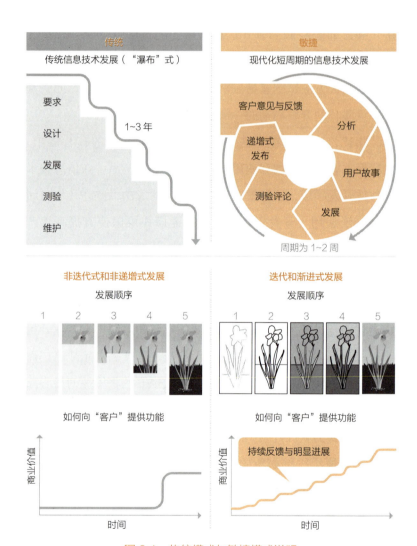

图 6.1　传统模式与敏捷模式说明

敏捷使企业能够在一个变幻莫测且错综复杂的世界中蓬勃发展"，换句话说，正是在新兴生态系统经济所特有的那种情况下发展。

将敏捷原则扩展到你的组织结构中，意味着将你的企业从一个自上而下、等级化和官僚化的机器模式转变为一个适应性和灵活性强的合作式有机模式（见图6.2）。在旧模式中，领导团队会给中层管理人员下达指令，然后将这些指令过滤到孤立的工人团队，并试图在他们之间进行协调，以此在规定的时间内完成任务或其他目标。这是一个处处低效的模式：僵化刻板、不容变通而且吹毛求疵。不同级别的管理层和不同的专家团队之间由于沟通不畅，产生摩擦，导致这些团队基本上是给对方增加工作量。总之，敏捷模式不可能很快就宣告失败，这是新兴生态系统经济的一个关键特征。

另外，敏捷模式会令低效的官僚机构快速被裁撤。在敏捷模式中，低效的官僚机构被裁撤，领导层直接监督一系列动态的多样化团队。

敏捷是新兴生态系统经济的理想组织模式，不仅因为它解决了这种转变的表面效应，即日益不可预测的竞争环境、不断变化的客户需求和不断引入的颠覆性技术，还因为其基本原则反映了生态系统的工作方式。考虑一下敏捷组织的一些特点。它们由不同的部落或业务组组成，而这些部落或业务组又由来自不同能力组或分会的成员组成，这些能力组又被划分为一个高性能且多功能的小型团队网络，通常称为小队（见

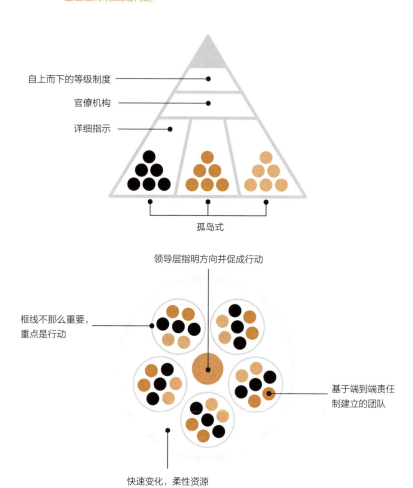

图 6.2　传统组织模式与敏捷组织模式比较

图 6.3）。敏捷组织在创新、影响和学习的快速迭代循环中运行。敏捷组织擅长通过串联不同团队成员的技能来完成任务，并授予员工完全所有权。最后，他们利用最新的技术来寻找释放价值和发展业务的新方法。所有这些特点都与建立一个生态

系统业务高度相关。从本质上讲，你需要做的是在你自己的组织内反映生态系统的基本价值和做法。

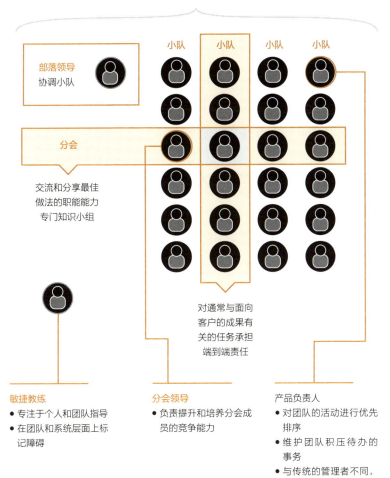

图 6.3　企业敏捷团队实例：部落、小队和分会

最后，除了改变你的组织模式之外，还需要重新思考你的运营模式。也就是说，不仅是构建你的业务框架，还有你和你的团队在这个框架内合作完成任务的方式。

这个运营模式的概念涉及我们将在本章其他部分讨论的许多要素，包括你和你的团队如何沟通、如何相互问责、如何审查绩效、如何进行后果管理，以及如何奖励团队成员并助其成长和发展。换句话说，你和你的团队通过何种既有战术性又有实用性的方式来完成当前任务？为了建立成功的生态系统企业，这一点也需要进行实质性的反思。

人才

发展你的组织和运营模式将在很大程度上帮助你适应新的生态系统经济，但这并不能让你完全达到目的。你还需要合适的人才。事实上，人才是发展组织和运营模式的关键因素之一。你可以把转变组织结构看作是建造房屋。实施一个有效的敏捷模式是绝对必要的。组织机构就像支撑房子的木头框架，包括墙骨、桁架、柁、檩托和椽子。但是，如果只有这个框架，房子就无法提供庇护和保障安全的作用。为此，你需要在框架内填上壁板、隔热材料、墙板、地板、屋顶、电线、水管和许多其他东西。

同样，除非你的新组织模式拥有合适的人才，否则它将无法实现其目的。寻找高质量的人才越来越难，而零工经济只是加剧了这种困难。关于如何为你的组织甄选合适的人才，有成百上千种不同的方法和理论。你很可能会在当地书店找到一整架阐述这些不同理念的书籍。然而，要想在生态系统的世界里获得成功，需要特殊的素质和能力。这意味着你需要做的不仅仅是寻找那些技术高超、具有出色的批判性思维能力、有多年扎实经验、在过去的工作中取得极大成功的人。我们可以将你需要寻找的人才素质分为三个不同的类别：多样性（经验、思想和背景）、对新思想的开放态度，以及对深度合作的倾向性。

我们从多样性开始。多样性有不同种类，例如，经验的多样性，指的是各种不同的专业和个人经验；思想的多样性，指的是各种不同的知性气质；背景的多样性，指的是来自不同地方的人们，在不同的文化或宗教传统中，以不同的方式成长。

以经验的多样性为例。在我们的职业生涯中，所有人都遇到过体现光谱两端的同事或员工。一种是过度专业化者，这种人忽视了其他潜在的兴趣和机会，执着地专注于一个特定领域，但是他在这个领域知识渊博，才华横溢。另一种是兴趣广泛的通才，这种人总是学习新的技能，查阅新的业务领域的书籍资料，或组织一些新的倡议，但只是浅尝辄止。这两种类型的人都有其优点和缺点，但到目前为止，通才的声誉较差。过度专业化者往往被美化，被视为专注、热诚的专家，而通才则被视为不严肃的业余爱好者。但在生态系统的背景下，成为一个事事都涉猎者可能是好事，在各种不同的领域拥有有限的经验，而不是在一个领域拥有丰富的经验。

这就是所谓的一个人全面发展的意思，这也是可追溯至古希腊的通识教育的基本原理。各种各样的经验有助于我们发展一种更深入且更有效的方式来接触我们周围的世界，无论是在工作中还是在个人生活中，都可以带来各种优势。大卫·爱泼斯坦（David Epstein）于2019年出版了《成长的边界：超专业化时代为什么通才能成功》（*Range: Why Generalists Triumph in a Specialized World*）一书，这个想法是这本书的重点。在书中，爱泼斯坦探讨了当体育、创造性活动和商业界等许多不同领域的人采取迂回路线找到其职业时，或者探索更加多样化的生活经验，而不是从很小的时候就开始专注于一个特定目标并进行训练时，为什么会更成功。例如，一个参加过各种不同运动并积累了一套全面运动技能的运动员，最终可能比一个从小就为某项运动的特定位置进行训练的人更出色。同样，一个在音乐、舞蹈、绘画和雕塑方面探索过不同形式创造性表达的艺术家，最终可能会比一个专注于单一训练的人具有更多的灵感和创造力。

换句话说，我们的成功不一定是由我们每天在特定职业中使用的极其具体的熟练技能决定的，而是在获得丰富经验时发展的更普遍的基本技能的产物。成功更多的是因为学会学习，而不是学习具体的东西。问题是，世界把我们推向了相反的方向。正如爱泼斯坦所说，"我们面临的挑战是如何在一个越来越鼓励甚至要求过度专业化的世界保持广泛性、多样性经验，跨学科思考和延迟专注的优势。"他建议，只要能够学会把头伸出我们所找到的专业领域之外，积累更广泛的知识，我们都可以做得更好。

以乔布斯早年的一个故事为例，说明这种经验多样性的重要性。1973 年，乔布斯从俄勒冈州波特兰市的里德学院退学。那时他还没有开始印度之旅，离 1976 年创立苹果公司也还有几年时间。当时无聊又缺钱的乔布斯在里德学院校园里闲逛，决定去旁听一门书法课。尽管这门课不能计入学分，但他还是去旁听了，只是为了学习一个新课题所带来的乐趣。该课程由前罗马天主教牧师罗伯特·帕拉迪诺（Robert Palladino）讲授，他在修道院中磨炼了自己的技艺，被广泛认为是世界上最重要的书法家之一。根据乔布斯 2005 年在斯坦福大学毕业典礼上的讲话，旁听书法课程的经历激发了多年后他对苹果新电脑屏幕字体排版的密切关注，并最终对该公司广受赞誉的设计理念产生了巨大影响。"我了解了衬线字体和无衬线字体，了解了不同字母组合之间的距离，了解了什么是赏心悦目的字体排版"，乔布斯回忆说，"那是一种美妙的、历史性的、艺术上微妙的且科学上无法捕捉的东西，真令人着迷。十年之后，当我们设计第一台麦金塔（Macintosh）电脑时，这一切又浮现在我眼前。我们将其全部设计到麦金塔中。这是第一台带有漂亮的字体排版的电脑。如果我在大学里没有上过那门课，麦金塔就不会有多种字体以及适当的字体间距。"

这完美地捕捉到了今天企业在生态系统经济背景下评估

潜在的新人才时需要寻找的那种经验多样性。在许多企业以及当今更广泛的企业界，招聘过程在结构上偏向于专才，而排斥通才以及那些在不同领域之间工作的人；或者那些像乔布斯一样，为了学习的乐趣而不遗余力地寻求新经验的人。我们倾向于狭隘地将空缺的职位归为单一的类别。我们很难弄清楚如何将一个拥有多种经验的人的技能和贡献纳入其中。猎头和人工智能招聘工具会强化这些偏见。评选简历和候选人的算法常常会倾向于那些在单一领域拥有最多经验的人，而不是那些了解许多不同企业和部门工作方式的人。在生态系统经济中，需要找到创造性的新方法，将以前不相干的部门的工作联系起来，我们应该积极寻找那些具有这种多重经验的候选人。

当然，这并不是说专家不重要，也不是说他们在一个希望适应生态系统经济需求的公司中应该受到任何轻视。建立一个成功的生态系统企业既需要专家也需要通才。但在许多情况下，目前的做法和激励措施使我们对通才有偏见，而偏向于专家，所以需要特别注意确保我们具有通才视角。

然而，经验的多样性并不是唯一需要的多样性。要想在生态系统经济中真正取得进步，你也需要思想和背景的多样性。你需要的人不仅要有不同的专业和生活经验，还要有不同的思维方式，有不同的背景、价值观和成长经历。优先考虑这些因素将形成一个更善于观察和判断周围世界的团队，他们可以更好地理解不同群体的动机，并能更好地预测不同类型的人对特定情况将做出何种反应。

例如，杰夫·贝索斯（Jeff Bezos）小时候在祖父母的农场里花了很长的时间修理拖拉机和其他设备。根据《财富》杂志介绍，贝索斯认为这种经历激发了他对实验的热情，如果他没有经历这些，这种热情可能就不会被激活。贝索斯解释说："实验是创新的关键，因为它们很少像你所期望的那样，在这个过程中你会学到很多东西。"贝索斯说，他和他的团队正在亚马逊试图"降低做实验的成本，以便我们可以做更多的实验。如果你能把你尝试的实验数量从一百个增加到一千个，就会大大增加你产出创新性成果的数量。"

使人才适应生态系统经济需求的另一个关键因素是寻找那些对新想法持开放态度的人。这有别于对经验、思想和背景多样性的需要，但与之密切相关。毕竟，那些对周围世界充满好奇的人，自然会获得更多不同的专业经验，从而在技能、知识和理解方面有更多不同且广泛的储备。虽然培养各种不同的专业经验确实很重要，但员工在更广阔的世界中寻求新的想法和新的知识形式也同样重要。也就是说，员工拥有业余爱好，培养小众兴趣，并为追求知识而不断学习，这一点很重要。

作为一个在生态系统经济中摸爬滚打的企业，要寻找那些对意想不到的想法和非传统的知识形式持开放态度的员工。因为正是需要这些员工拥有创造力、远见和抽象思维能力，能够将以前独立的价值主张融合成有远见的新组合，从而创造价值并帮助你拓展业务。这并不是说你应该在任何方面追求统一性。你不需要找到一个全部拥有相同技能和特点的团队。正如我们已经提到的，我们的目标是实现不同种类的人和不同特征的人才的多样化组合。

最后，改进人才评选方法的最后一个要素是寻找那些有合作倾向的人。不幸的是，特别是在具有传统等级结构的大型组织中，人们普遍会变得有领地意识，从而固执于自己的成就和进步，而不是团队的集体目标。某些组织模式会加强这些变革动力，与之相反，敏捷模式以合作为基础。除了敏捷模式，寻找那些倾向于合作的人才可以帮助扭转地域主义的现象，把团队成员的注意力集中在一个共同的目标上，共同创建一些东西。在生态系统经济中，你的企业需要由那些勇于走出自己的舒适区并建立跨部门和跨行业联系的员工组成。毕竟，这些联系是一个成功生态系统的真谛。你还需要那种自然地加快开发周期并培养快速失败心态（本章后面将详细介绍）的合作方式。在足够多的鼓励下，所有这些都可以开始创造一个新的积极的合作环境，并且可以通过敏捷组织模式得到加强，而且最终将帮助你努力建立一个面向生态系统的企业。

总结一下，你需要在人才方面做出的改变主要分为三个方面：多样性、对新想法的开放态度以及合作倾向。其中每个方面的目标都是寻找那种积极渴望新挑战、新体验、新知识形式和新联系的人。换句话说，这些人将自然地倾向于尝试，找到新的解决方案，制定具有创新性的新价值主张，将在一个多层面的生态系统世界中茁壮成长。一旦你找到并聘用了这些人，就必须有条不紊地发展这些人才，培养员工的优势，并给予其调整失误所需要的支持。正如我们在本章后面将要看到的，这种态度体现了真正的仆人式领导精神，也就是用支持和鼓励来培养员工，而不是用惩罚性的高压环境来激励他们。

正如我们在前几章中所讨论的，一个没有部门边界的世界意味着竞争可能来自意想不到之处，不仅来自你所在行业的传统对手，也会来自任何行业的参与者。因此，拥有能够多维度思考的人才是至关重要的，他们的头脑中能够同时持有几个不同的参考框架，并且能够执行超越常规的宏大想法。这些人在面对艰巨挑战时，会拥有设计出优异解决方案的创造力。涉及人才问题时，你不应该害怕大胆地思考，而是应该尝试突破常规的新想法。

绩效管理

如果你已经有一个有效的组织模式和合适的人才来管理和领导，那么还需要什么？当你为生态系统经济而改造组织时，你需要重新考虑的另一个方面是绩效管理过程。这可能是最难做出的调整之一，特别是对于那些在职者和那些来自非初创企业背景的人来说，他们在熟悉的旧的部门世界工作几十年后，正在步入生态系统世界。在传统商业界看似失败的事情，实际上可能是生态系统世界中的一个成功指标。因此，能够分辨出其中的差别并进行纠正，将成为取得进展的关键因素。我们可以把对绩效管理的熟练程度分为四个主要方面，所有这些都需要被检查和重新调整，以便在生态系统经济中取得成功。这四个方面可以表示为四个问题：绩效管理的操作频率是什么？谁参与其中？涵盖哪些内容？后续工作和后果管理的流程是什么，是否包括成功和失败的激励机制？

首先是你的操作频率。生态系统经济要求你改变对绩效管理的思考方式，其中第一个也是最基本的组成部分就是你召开绩效管理会议的频率。在传统的绩效管理模式中，工作团队需要向领导层提交绩效月度或季度审查报告。由于这些审查的频率很低，双方都会忽视审查的真正目的：支持和维持工作，并确保每个人都在朝着预期的结果努力。这样的方法并不适合生态经济。当你有敏捷部落、分会和小队在动态的跨部门价值主张上运行时，你的绩效管理需要更频繁的操作。当你越来越频繁地检查你的团队时，这些审查自然会变得更加高效，更多的是为你的团队把关，找出需要的东西，而不是激励他们只做一个展示。在敏捷模式中，特别是在服务型领导思维的背景下，每周的检查并不罕见，不是以惩罚性或对抗性的方式，而只是为了找到阻碍团队发展的障碍，确保每个人都有向前发展所需要的东西。

接下来，你需要考虑这些绩效管理会议的内容。用什么方式来记录你的进展？围绕这些方式的讨论又是如何展开的？在传统的绩效管理模式中，这些方式往往比所需要的更全面，并且陷入了官僚主义。然而，在生态系统的背景下，你只需要关注目标和关键结果（OKR），这些目标和结果是每个敏捷分会、部落或小队工作的核心。当你这样做的时候，记得要经常问自己：我们给团队定的目标是什么，我们希望团队能有哪些关键结果？

除了会将领导者的注意力从重要的事情上拉走，专注于一套过于全面的措施（或只是错误的措施）会直接损害你有效建立生态系统导向型企业的能力。有两种常见的发生方式。其一是，企业领导人试图以其传统上衡量核心业务成功与否的方式来衡量其生态系统业务。例如，他们可能会要求任何新的生态系统业务应立即拥有与企业核心业务相当的利润。其二是，企业领导人可以说服自己只需要追求软目标，比如访问量、覆盖率和注意力这样的指标，这样一来，他们就可以把大量的时间和资金花在一些实际上并不创造价值的事情上。换句话说，通过使用错误的 OKR（或指标），企业会认为，建立一个生态系统业务在财务上是不可能的，所以没有必要尝试；或者认为建立生态系统业务很容易，从而开始了一场徒劳无功的追求。为了不落入这两个陷阱，生态系统的参与者需要找到一条中间道路。为此，你需要了解建立一个生态系统业务的不同阶段，以及适合每个阶段的不同 OKR。

最开始的时候，唯一真正重要的 OKR 是你在提供基本服务和接触客户方面的有效性。这个阶段，我们的目标仅仅是实现运营。接下来，随着生态系统变得成熟，你会接着讨论更多具体的指标。在这个阶段，你可能会免费提供生态系统服务，但也许你会看到这些服务将新客户引向你原有的核心业务产品，并巩固你的基础。随着生态系统继续发展，你会希望看到更具体的结果，因此应该开始使用一些更难实现的指标。这个阶段，你要关注你的生态系统服务是否产生了收入，以及它们是否开始扩大规模。最后，你开始考虑你的生态系统是否能带来利润。然而，在所有这些过程中，唯一最重要的 OKR 是生态系统创造价值的程度。虽然使用一套不断发展的衡量标准很重要，但同样重要的是，不要忽视某些基本问题：我们是否在发展生态系统？是否在为所有关键成员——我们的合作伙伴、客户、员工以及整个社区的最佳利益服务？

最重要的是，在每个阶段都要仔细考虑生态系统正在创造多少价值。衡量该价值可能是一个复杂的过程，但只有这样做，才能真正评估你的进展。要做到这一点，不仅需要考虑你自己的收入和利润，还需要考虑你的合作伙伴的收入和利润。不仅需要考虑你为客户提供的体验和便利，也需要考虑你的合作伙伴提供的体验和便利。将所有这些结合在一起，就可以看到你的生态体系所创造价值的总体情况。毕竟，创建一个生态系统的根本原因首先是该生态系统中的企业共同创造的价值比任何个体参与者独自创造的价值更多。

在考虑了涵盖的内容之后，你需要把注意力转向谁参与到绩效管理周期中来。传统的绩效管理模式通常很正式且等级分明，而且通常只涉及高级管理层或领导团队。在为生态系统经济建立绩效管理时，你需要一个等级不那么分明但更注重项目和结果的模式。不仅需要让高级管理层参与进来，还需要让敏捷模式中各个层次（例如，部落、分会和小队）的人都参与进来。让更多的团队参与进来，不仅可以创造一个更精简、更高效的流程，还可以促进信息的无过滤传播。管理层有机会直接从最有能力提供报告的团队成员那里听到未经过滤的报告。而团队成员也有机会直接从管理层那里获得反馈和指示，不会因为信息经过两到三个等级以及官僚机构而在转移中丢失。显然，你能够做到这一点的广泛性是有限度的。如果你是一个使用敏捷模式的大型组织的高层领导，你可能没有能力在小队层面上做到这一点，但你可能会选择在部落层面上或为选定的部落做到这一点。

最后需要调整你的团队跟进流程。为了构建你所需要的开放、合作、生态系统友好的环境，必须摆脱评估性、惩罚性的关系，这种关系有时会在最糟糕的传统绩效管理流程中产生。你会想要建立一个以发展为导向的支持立场。这并不是要向你的团队传达一个信息，即他们需要满足某些基准。相反，这与吸取经验有关，是指从一次充满挑战的经历中找到一些有价值的东西。当一个团队失败或没有达到预期时，你如何利用这一点来吸取经验并改进未来的运营模式？你的部落、分会和小队是如何吸收和借鉴这些经验的？正如我们将在后面的章节中探讨的那样，当你能够成功地将仆人式领导思维融入组织的基本文化中时，这些习惯将会得到强化，但这些习惯本身就值得培养。当你跟进团队时，目标应该是找到这些问题的答案：我们在哪里取得进展？哪里有障碍？在真正的服务型领导精神下，管理层能在哪里提供帮助？最后，也是最重要的是如何使激励措施（有形的和无形的）与整体 OKR 和使团队受到激励和鼓舞协调一致？激励包括金钱奖励、表彰和职业发展。关于其他激励措施已经写了很多，在此就不再细说了，但毋庸赘言，你需要在个人激励和团队激励之间取得微妙的平衡。

基础文化

接下来，你需要重新思考培养一种基础文化来维持你在企业内部所进行的改变。毕竟，文化能够使你的企业持续发展，使你能够不断利用我们所讨论的所有其他生态系统机会。如果没有一个强大的文化来鼓励每个层面上的每个人都专注于建立、完善和维持生态系统业务，那么我们到目前为止所讨论的所有变化和改进都远远达不到预期效果。当我们说你需要创建一种文化时，指的是一套能够推动你的组织工作的共同价值观。《哈佛商业评论》指出，"文化是一个组织的 DNA，是体现工作场所特征的共同价值观、目标、态度和做法，反映在人们的行为方式、人际关系、决策和工作中。"

从根本上说，你需要培养一种使你能够利用生态系统经济优势的文化和核心价值观。核心价值观包括：求知欲、快速失败、仆人式领导、团队合作和长线思维（当然，其中一些是相互重叠的，但每一个都值得单独考虑）。你可能想知道，这些价值观与生态系统具体有什么关系？这些似乎都是普遍适用的价值观。事实上，这些价值观都在某种程度上代表了公司应该追求的正确想法。即使在过去，贯彻基于这些价值观的文化，对任何公司都会产生积极的影响。其中每一个价值观都是为建立一个成功的生态系统企业打下基础的关键因素。在下文中，我们将更详细地介绍和阐释其中一部分。

以求知欲为例。我们在前面关于人才的章节中已经涉及这个问题。那些充满好奇心、真正有兴趣了解周围世界的人所组成的公司，将从这种好奇心所带来的意想不到的深刻见解中受益。如果这种好奇心和开放的态度深深扎根于一个公司的精神世界中，就可以发挥更大的作用。当一个公司拥有一种求知欲和开放性的文化时，员工就会觉得自己有能力去表达，去分享自己的想法，并跳出思维定式，最终，他们会做得更多，以帮助每个人成长。

要明确的是，这并不意味着你应该努力建立一种文化，让员工竞争看谁积累了最多的知识。微软首席执行官萨蒂亚·纳德拉（Satya Nadella）曾宣称要培养一种"无所不学"的文化，而不是"无所不知"的文化。在接受《商业内幕》采访时，他解释说，这个想法是受到了经典书籍《终身成长：重新定义成功的思维模式》（*Mindset: The New Psychology of Success*）的启发，该书的作者是斯坦福大学的教授卡罗尔·德韦克（Carol Dweck）。正如纳德拉所说，"德韦克用学校里的孩子们进行简单比喻。其中一个是'无所不知'，另一个是'无所不学'。'无所不学'的人总是比另一个人做得更好，即使'无所不知'的孩子开始时有更多的先天能力。"他继续解释这个想法如何影响他对微软文化的理解，"如果这适用于学校里的孩子们，我想它也适用于像我这样的首席执行官以及像微软这样的整个组织。我们不希望成为一个'无所不知'的组织,而是'无所不学'的组织。"

拥有一种鼓励为学习而学习的文化,自然会带来意想不到而且在很多情况下富有成效的新机会。只有建立一种求知欲文化,即'无所不学'的文化,你才能找到并识别出那些你根本不知道的机会,而这些机会可能蕴藏着最大的回报。

围绕生态系统建立有效文化的另一个关键价值是仆人式领导思维。这意味着要从整体上看待你的员工,了解他们需要什么才能有效地完成工作,并弄清楚你所能做的一切来帮助他们发挥全部潜力。在传统的领导模式中,领导者的主要关注点是给予员工指导和执行标准。与之相反,仆人式领导寻求激励员工,为其提供所需的资源,使其安心地执行所需的任务。正如美国人力资源管理协会(the Society for Human Resource Management)指出,持有这种理念的领导者"拥有服务至上的心态,并专注于授权和鼓舞为其工作的人。他们以服务代替命令,以谦逊代替炫耀权威,并始终希望以发掘潜力、创造力和使命感的方式来促进员工的发展"。

仆人式领导的概念最早是由美国电话电报公司(AT&T)的高管罗伯特·K.格林利夫(Robert K. Greenleaf)提出的,他在1964年退休后,继续探索是什么让领导者和组织有效。1970年,格林利夫写了一篇颇具影响力的文章,题为《仆人式领导》(*The Servant As Leader*),在这篇文章中,他阐述了自己关于领导者如何通过转变思维方式来改变组织的看法。在这篇文章中，他观察到关于权力和领导的态度正在发生变化，"人们正在对权力和权威的问题进行新的批判性审视，"他写道，"无论多么迟疑不决，人们都在学习以更少的强制性和更多的创造性支持方式相互联系。在一个组织内工作的人会自愿地回应那些被选为领导的人，因为他们已证明他们是可信的公仆。在这一原则未来盛行的情况下，唯一真正切实可行的将是那些以仆人式领导为主导的机构。"根据格林利夫所提出的理念，"仆人式领导的关键工具（包括）：倾听、说服、享有直觉和远见、使用语言以及对结果进行务实的评估。"

自格林利夫首次提出这一理念以来，仆人式领导逐渐成为一个具有巨大影响力的概念，并被世界各地的企业和其他组织所采用。然而，这不仅仅是激励员工努力工作的一个简单工具；相反，它是全面领导战略的一部分，即鼓舞员工给予他们在其岗位上取得成功所需的工具。除了提升业绩和提高士气，它还可以通过创造一个支持性的开放环境，让员工可以通过多年的学习和成长升职到责任更大的岗位，从而有助于培养下一代的领导者。

与激发求知欲的方式基本相同，采用仆人式领导的原则可以帮助你的组织满足新兴生态系统经济的需求。生态系统要求组织不断寻找新的可能性，不断审视地平线，寻找新的机会，从事跨部门的活动，并与他人建立合作关系。只有当员工具有求知欲和开放的心态时，组织才能对这些可能性和机会持开放态度。而当领导全面关注员工的最佳利益，并积极寻找方法为其提供所需要的一切时，员工最有可能保持求知欲和开放的心态。这显然与组织中的高层人员最为相关，但它也适用于每个担任关键角色的人。最重要的是，仆人式领导有助于组织采用生态系统经济所要求的所有理念：开放性、创业精神、果断性、快速失败的心态、长线思维等。

你的组织文化中要采用的重要价值观之一是快速失败的心态。快速失败的概念起源于硅谷的创业公司，新锐企业家们在那里培养了一种拥抱失败的精神，通过一系列反复的尝试、失败和重新调整，越来越接近一个非常绝妙的想法。这个概念经常被概括为"快速失败，经常失败"。然而，关键在于"快速"，你需要尽可能快速、有效、毫不费力地进行"失败"。《福布斯》撰稿人丹·庞蒂弗拉克特（Dan Pontefract）指出，这个概念经常被误解。他写道："'快速失败，经常失败'的真正目的不是为了失败，而是为了迭代。为了成功，我们必须对失败持开放态度，但目的当然是确保在稍微调整、重新设置以及有必要重做时，我们能够从错误中吸取教训。当高管们提出'快速失败，经常失败'的口号时，他们必须确保这不是以牺牲创造性或批判性思维为代价。"

将快速失败的心态作为组织文化的一部分，如果做法正确，会提高创造力和批判性思维能力，这样做正是对在生态系统经济中取得成功至关重要的原因。为了利用生态系统带来的令人振奋的新可能和新机遇，你的员工应该能够自由大胆地尝试新的想法，并充分了解这些尝试可能不会有结果。为了长期维持一个生态系统的运作，你需要一种文化来培养这种大胆、创新、独立思考的精神。你需要一个将这些价值观逐渐灌输为一种习惯的组织。

最后，任何专注于生态系统经济的成功文化建设工作都需要促进长线思维。员工不应该为了给老板留下好印象以及自己的职业前景，而把精力集中在满足眼前的狭隘目标上，而是应该专注于创造一些可持续的东西，为每个参与的人贡献价值的东西。这在生态系统的背景下尤为重要，因为正如我们之前解释的，建立一个生态系统需要在短期内调整你的期望。你可能不得不在短期内做出牺牲，为以后成功的生态系统业务打下基础。

支持性基础设施

但是，即使拥有适当的组织结构、合适的工作人员、恰当的绩效管理模式和正确的基本文化还是不够。你的组织内部的人还需要有正确的工具。要想在生态系统经济中真正取得成功，你还需要改造基础设施，你必须在所处的现实新环境中彻底重建公司。

重要的是，在此要区分基于生态系统的基础设施改善和企业只是为了应对快速变化的商业环境，已经进行的更新和改进。除了生态系统经济的压力和激励，企业一般都需要重新思考其 IT、技术和数据基础设施。企业需要发展 IT 系统，使其更加敏捷和模块化。企业需要增加必要的系统和支持结构，以便为客户和合作伙伴提供服务，尤其需要使合作伙伴的业务更容易与其价值主张相联系。然而，考虑到生态系统经济将带来的转型变化，我们应该认识到企业必须走得更远。企业在这方面需要做出的改进主要分为两类：面向内部和面向外部的基础设施。

让我们从面向外部的基础设施开始。在生态系统经济中，连接性是最重要的。因为生态系统是由相互依存、共同创造价值的企业组成的网络，这些企业连接的确切方式至关重要。为了给你的客户提供尽可能多的选择，以及最强大、最全面的价值主张，你的目标应该是让其他参与者尽可能容易地连接进来。从本质上讲，这是一个支持和助力你的合作伙伴的问题。你希望其他企业能够尽可能地在"即插即用"的基础上参与你的生态系统。

改进外部基础设施的另一个关键因素是有效的数据处理方法。同样，除了生态系统经济的关注和压力，所有的企业都需要更加注意数据，包括如何收集数据、如何维护和清理数据、如何分析数据，以及如何将数据整合到不同的业务流程中。但是，如果你是一个生态系统的参与者，所有这些都变得更困难、更复杂且更重要。生态系统活动的目标是获得客户，说服客户和合作伙伴在其活动过程中的每一步都使用你的生态系统来满足其所有需求。要获得客户，你就需要了解客户。而要了解客户，你就需要数据。数据是获得客户的头号武器。然而，为了有效利用这一武器，你不仅需要收集、维护和分析数据，还需要一个强大的外部基础设施，能够控制这些数据在你的生态系统中运行的方式。你还需要一个能够有效管理生态系统中不同参与者分享和协作使用这些数据的基础设施。你需要尽全力避免让数据成为孤岛，或被困在生态系统的一个部分，而它本可以在其他地方更有成效地工作。如果你正在运行一个有许多不同部分和提供许多不同服务的生态系统，你需要基础设施来连接它们，并确保激励措施能够得到适当的调整，以便数据能够根据需要在这些不同部分之间自由且准确地流动。

同样，你也需要发展内部基础设施，其中包括财务、会计、法律等职能。以金融基础设施为例。如果你是一个正在从事生态系统业务的公司，你可能既有一个核心的传统业务，又有一个专注于建立生态系统业务的独立部门。为了在生态系统方面取得成功，你需要找到确保每个部门都有适当的手段来衡量其财务发展情况的方法。

或者以法律事务的问题为例。生态系统涉及烦琐的法律复杂性，如果处理不当，可能会造成难以承受的后果。例如，试想你是一家准备进行生态系统业务的公司。你可能已经有了一些合作伙伴以及一个管理这些关系的法律框架，为此你雇用了一个律师团队来帮助维护这些关系。然而，为了发挥生态系统的作用，你将需要大幅提高所参与的合作企业的数量，也许是现在数量的十倍或更多。你必须行事谨慎、深谋远虑，为此做好准备。与此同时，你还需要考虑是否真的想让十倍的律师来管理这些新的合作关系？可以肯定不是。出于这个原因，你将需要从根本上重新考虑你的法律程序的可扩展性。其他流程也是如此。随着新兴的生态系统经济继续改变日常业务的方式，你将需要重新思考支持你的组织模式所需的基础设施，你试图建立的基本文化，以及你对人才的态度。这样做将有助于应对不断增加的复杂性和不断变化的环境。这将意味着采用新的基础设施，如利用不断发展的新型数字工具来管理财务、法律和人力资源等。

　　一旦彻底改造了组织和运营模式、人才、绩效管理、文化和支持性基础设施，你就迈出了为生态系统经济重塑企业的第一步。但这些还只是第一步。正如我们在前几章中所建议的那样，你也应该将其看成是一个反复持续的过程。在找到最佳的前进道路之前，你需要对这些类别进行多次循环思考。然而，到此为止，你已经考虑到了，在驾驭新环境和建立一个成功的生态系统业务时可能出现的所有主要问题。我们已经带你选择了运行领域，发展了价值主张，确定了角色定位，选择了合作伙伴，并思考了如何改造组织。换句话说，我们已经带你解决了"在哪儿""与谁"和"如何"的问题。现在剩下的就是执行了。是时候走出去，建立一个成功的生态系统企业了！让我们行动起来吧，没有时间可以浪费。

改造组织时需要注意的事项

1. 过于关注短期目标

　　正如我们之前所说，建立一个成功的生态系统业务需要坚持不懈的努力和长线思维。需要向前看，并认识到你正在建立的新主张不能立即用评估当前业务的相同标准来判断。因此，你必须用适合长期潜力的合理转折点来阐述你的生态系统潜在增长轨迹，并从中得出OKR。这并不是说长线思维应该完全驱动你的决定，你需要在长期和短期之间找到严格的平衡，以便有效地判断你的进展。只有这样才能做出正确的决定，将你的业务引向正确的方向。

2. 将建立生态系统的工作外包给技术供应商

一些公司认识到生态系统的重要性，但缺乏决心，因此寻找快速和简单的解决方案，以示对这个问题的重视。这些粗浅的解决方案中，最常见的是把建立生态系统的实际工作交给技术合作伙伴。正如我们在第四章和第五章中所述，许多公司需要引入一个生态系统合作伙伴，为新的生态系统主张提供关键的主干网或平台。但是，我们很容易受到让该合作伙伴或供应商来推动生态系统的建设，或者至少免除你的责任的诱惑。

3. 没有一个衡量整体影响的手段

许多公司认识到衡量其业绩至关重要，但却没有制定适当的综合指标来评估自己以及合作伙伴在创造价值方面的表现。很多时候，我们看到公司对有效的绩效管理的想法只是说说而已，并没有真正内化为如何利用它来为所有的关键成员（例如客户、合作伙伴和其他利益相关者）实现价值最大化。

4. 建立生态系统的企业太远或太近

正如我们已经提到的，组织最常见的错误之一是为生态系统建设选择错误的位置。这往往会产生破坏性的影响，使这些努力在启动之前就已经失败。与核心业务靠得太近会产生问题，因为经理们要兼顾新的业务，难以确定优先顺序，而核心组织的传统性质又使吸引面向生态系统的人才成为挑战。同时，离组织太远的生态系统建设也会导致失败，使其无法利用协同效应或将新的想法连接到核心业务上，同时也会造成数据共享和内部转移税收的问题。总的来说，当业务在文化和操作上相距太远时，要调整激励机制以及支持合作是非常困难的。

5. 缓慢失败

大多数传统企业有一种无法接受失败的文化，这会导致他们宣布所有新的商业项目是成功的，即使显然是不成功的。这促使公司领导做各种非理性的事情，如低效分配资源，轻率地投资于正在苦苦挣扎的生态系统业务，也许最重要的是将资源和管理层的注意力从有前途的新企业上移走，使其专注于失败的旧式企业，而每个人都不敢承认失败。只有彻底的公开以及不仅接受而且庆祝失败才能有所帮助。

结论

十个久经考验的新兴生态系统经济原则，在部门无边界的世界中寻找繁荣发展之路

我们希望你现在不仅对生态系统的变革力量有所了解，而且对成功建立自己的生态系统业务所能采取的途径有所了解。

在本书中，我们经常强调，生态系统经济既能带来成功的机遇，也会带来潜在的威胁。我们会回想起，生态系统是由相互连接的数字和实体业务组成的社区，跨越传统经济部门之间的界限，全面满足客户的需求。诚然，如果你不能够认真对待生态系统所反映出的巨大转变，那么你的业务就有可能岌岌可危。同理，如果你仔细跟踪经济的新发展，并且明智行事，生态系统就会给你带来巨大的成功和发展。

正如我们一开始提到的，在未来几十年里，可能有 70 万亿~100 万亿美元的经济总产出（以收入衡量）处于危险之中。生态系统经济的潜力，不仅意味着竞争的加剧，也意味着有更多的自由来构思新的富有创造性的价值主张，这些价值主张利用新兴技术来解决以前无法解决的问题，或者满足未完全实现的潜在客户需求。在这个新型经济中找到自己的方向，不仅意

味着一个发展业务的巨大机会，而且也是一个服务社会和创造价值的重要机会。

这本书分为两部分。在第一部分，我们为你阐述了生态系统是如何出现的，生态系统是如何改变经济的，以及生态系统在未来将如何继续改变经济。

首先，我们一直追溯到人类文明的早期，了解了几千年来经济部门的划分一直是没有什么变化的。在我们人类的生活中，几乎所有的东西都发生了变化，但经济部门仍然是分离的独立实体。一些部门可能发生了变化，而另一些部门则随着各种技术的发展而消失或出现，但在这么多年中，在大多数情况下部门之间划分明确，总是很容易分辨出一个部门在哪里结束，另一个部门在哪里开始。直到 21 世纪初，情况发生了变化：技术进步和不断变化的客户需求使企业能够打破以前分离部门的壁垒。公司终于可以跨部门合作，更深入地在更基本的层面上满足客户的需求，也就是说，公司开始将客户的需求分为在逻辑上相互适应的各个组，并设计出满足所有这些需求的方法，将其作为一个单一综合主张的一部分。此前，部门在人类社会生活中是一个始终如一的事实，但也有一些实体设法超越部门的边界，例如，企业集团，或由多个不同且不相关的业务线组成的公司。但与生态系统不同的是，其不同部分在许多情况下并非自然地相互适应，而且其核心目的也不是满足端到端的整体客户需求。

在探讨了生态系统的背景及其意义之后，我们看到了生态系统的激增，以及生态系统如何重塑我们周围的世界。直到21世纪第一个10年末，随着智能手机和其他重要技术发展的兴起，生态系统的真正潜力才开始释放出来。第一批生态系统公司开始建立起来，它们给世界带来了前所未有的便利。我们第一次开始看到智能手机、应用程序商店、基于移动设备的共享出行和食品配送服务等突破性进展。消费者对这种便利程度的期待推动了对更强大技术的需求。消费者对更多便利的需求和技术进步的加速相互促进，产生了一个生态系统积极发展的持续上升趋势。

如今，我们开始看到这个良性循环产生了难以置信的效果，但这只是对生态系统的未来发展趋势的短暂一瞥。随着技术进步不断加快，消费者越来越期待跨部门主张所带来的便利，我们完全有理由期待生态系统将成为我们经济生活中一个更主要的特征。随着这种情况的出现，以及各部门之间的界限不断消失，我们可以看到，经济正在围绕以人类基本需求为中心的动态新结构进行重组。基于心理学对这些需求的深刻见解，我们可以预测正在形成的这些新兴生态系统将是什么。我们预计大约有12个主要的生态系统。这些生态系统到底是什么样子将取决于一系列不确定性因素：未来几十年地缘政治的发展情况，包括世界是否变得更加全球化或更加区域化；收入不平等的发展轨迹及其影响；世界各国政府如何改变其监管方式，尤其是在数据方面的监管；人类如何有效应对气候变化问题；以及我们如何快速有效地利用人工智能、生物技术和纳米技术的进步。这些领域的发展都将对生态系统的未来产生重大影响，其中每一个突破都有可能催化一场新的生态系统革命。

在探索了生态系统的过去、现在和未来之后，我们进入了本书的第二部分。在这一部分，我们带你了解了生态系统革命的现实意义，并为你提供了一本如何驾驭生态系统的指南。这个过程的第一步包括选择所在的领域，并确定所做之事来发展你的价值主张。当你考虑这个问题时，必须从基础要素开始：在持续不断的技术发展趋势下，考虑你的客户群是如何变化的以及客户需求是如何变化的。然后，问问自己在哪个方面有机会提供令人信服的差异化客户主张，无须考虑现有的部门边界。一旦确定了一些有发展前景的可能性，就根据你可能拥有的任何优势以及这种主张蓬勃发展的机会，对这些可能性进行优先排序。接下来，你需要决定：为了提供这种差异化的主张，你是否需要一个生态系统？如果你确实需要一个生态系统，是使用一个现有的生态系统，还是需要建立一个生态系统？在做出这一决定后，你需要估计竞争情况，并确定你在哪些方面最有机会对你的客户产生影响。为了得出一个有说服力的差异化主张，你可能需要在这些步骤中循环几次，确保你考虑到每一个可能的角度。

确定了新的价值主张，并解决了是否需要一个生态系统的问题，你就有了目标。现在你需要去实现这个目标。下一步是确定在你所设想的新生态系统中你最适合扮演什么角色。你是否渴望用这个角色所带来的所有机会和责任，精心组织一个生态系统？或者你是否满足于成为别人的生态系统参与者，并接受这种处境带来的任何不利条件？或者你处于两者之间的某个位置？作此决定时，你的首要任务是确定生态系统运行所需的资产和能力。考虑获得每一个生态系统的最佳方式：自己开发，收购另一个已经拥有生态系统的企业，或者形成一个生态系统合作关系。如果一些最关键的资产和能力需要通过生态系统合作关系来获得，这可能表示就你目前的处境来看，精心组织生态系统会是一个挑战。

最后，你必须从内到外地进行组织变革，将注意力从传统的部门领域转移到新的生态系统界。这要从业务结构的组织方式开始。你需要砍掉那些过时的旧式官僚系统，使用一种敏捷的方法，形成动态的、反应快速的、自组织的团队。这些团队协同工作，没有等级之分（正如我们所解释的，这些团队被组织成部落、分会和小队）。你需要重新设想你的人才甄选方法，挑选的员工应具有多样化经历、思想和背景，具有学习更多知识的求知欲，以及对不同行业之间或者不同经济部门之间跨界合作的深切渴望。简而言之，你所需要的人才应该愿意接受新的可能性，并准备好形成意想不到且非传统的联系，为提供更大的价值而服务。你需要那些致力于坚定不移地为其团队成员提供建设性支持的领导者，具有真正的服务型领导精神。其次，改变生态系统经济的组织方式也意味着改变绩效管理方式，找到更加有效的新方法来跟踪你的进展。你需要一个精简、实用且迭代的过程，而不是过于复杂的绩效检讨会议，其核心是让领导者清楚地意识到他们在哪些方面可以提供帮助，在哪些方面应该让路。在完成这一切之后，你需要打下基础，以确保变革和调整的过程能够持续下去。你需要培养一种支持变革的文化，树立求知欲、快速失败、仆人式领导和长线思维等价值观。最后，你需要重新构建企业的支持性基础设施，开发面向内部和外部的全新系统，以帮助你适应新的生态系统世界。

同样，这也是一个反复且持续的过程。我们不会假装经历一次之后，你就会立即甄别出完美的前进道路。但是，通过多次循环这些步骤，从几个不同的角度思考你的情况，并考虑所有不同的潜在方案，你很快就会得出一些有理有据、细致入微的见解，这将给你带来最有可能成功的机会。

如今发生的巨大经济变革使得如此重大的一次重新评估成为必要。同样，正如我们之前在书中所提到的，如果你看一下当今全球市值最高的十家企业，发现其中绝大多数都是生态系统企业。这与10年或20年前的名单形成了鲜明的对比，当时的名单是由石油和天然气企业等非生态系统的参与者主导的。生态系统的激增会继续下去，为满足潜在的客户需求和社会利益产生多种可能性。经济的主要方面正在发生变化，并且面临着巨大的价值损失。同样，在未来的几十年里，我们预计综合网络经济的全球收入池将达到70万亿~100万亿美元。无论你是想从中分得一杯羹，还是仅希望解决像气候变化这样的大型社会问题，以下原则都应该引起你的注意。

十项久经考验的生态系统经济原则

为了进一步从我们的生态系统游戏手册中总结经验教训，可以将操作过程和建议归结为十个关键原则。我们认为以下原则抓住了整本书所描述的见解和方法的精髓。我们希望，在阅读本书的过程中，你已经充分体会到了这些原则的重要性及其所能发挥的作用。但是，回顾一下所学到的东西，快速了解需要采取的最关键步骤和流程，也会很有帮助。

● 一、对待客户要有始有终

在生态系统经济中，客户及其需求应该是企业所有优先事项中最重要的。生态系统企业应该围绕向客户提出的价值主张而设计。它们应该是增强你的产品的一种手段，而不是因为其他企业是这样做的就去追逐。不要解决业务的问题，而要解决客户的问题。建立生态系统时，你所做的每一步都应该是为了让你客户的生活更轻松、更方便，这反过来又使你的产品更有吸引力并且更具差异化。

● 二、明智地选择角色

就是说，要现实一点。在第 5 章，我们详细介绍了企业如何决定是扮演生态系统协调者还是生态系统参与者。现实情况是，许多企业根本无法成为生态系统协调者。根据定义，只有一小部分企业是理想的协调者，并具有组织生态系统所需的资产、资源和能力。我们都想成为负责人，但如果每个企业都试图组织生态系统，他们就都会失败。如果你没有做好组织生态系统的准备，那么通过花费大量的时间和金钱来试图这样做将是一种巨大的资源浪费。最好将你的精力投入到最有成效的地方。为了谨慎地做出这个决定，你可以参考我们在第 5 章提出的过程和标准。

● 三、在实体和数字平台上思考和行动

如果你想在新兴生态系统经济中获得成功，那么开发、改进和完善平台将是必不可少的基础工作。平台有各种形式。正如我们前面所讨论的，拥有一个平台或主干网有助于使你成为生态系统协调者，并大大增加你控制自己命运和形成价值创造等式的机会。当你拓展业务，选择在何处以及如何进行投资时，必须考虑如何定位自己，以此为你的平台参与者和你的客户提供价值。

● 四、全力以赴——正确创建生态系统并让其成为你和领导团队的首要任务

如果你已经确定需要一个生态系统来适应新经济，那么建立这样一个生态系统并使其成功应该是首席执行官和董事会议日程中的首要任务。不要把这项任务委托出去，也不要把它推到只有组织的底层才关心的问题上。同时，也要确保你有足够的业务建设能力，可以在传统的核心业务领域之外自由运

作。这可能是一个棘手的平衡之举。为了成功地取得适当的平衡，你需要体现出真正的企业家精神，并欣然地接受快速失败的心态。大多数企业都在努力将其注意力有效地划分在转型和继续其核心业务之间。你必须同时做到这一点。最重要的是，你必须全力以赴地投入到生态系统中去。

● 五、识别和利用控制点

在建立你的生态系统业务时，需要密切关注控制点，如数据。也就是说，确认客户过程中的关键步骤，如果你控制了这些步骤，就会获得比竞争对手更多的优势，并通过全面满足客户的需求，与客户建立更深入、更紧密的关系。通常情况下，重要的数据集是很好的控制点。因此，你必须确认并寻求特别重要的数据集，这些数据集将使你能够更深入和更有意义地洞察你的客户需求。而除了数据集，可能还有许多其他东西（如接触客户）可以作为控制点。

● 六、不要把供应商与客户之间的关系和生态系统混为一谈

日常管理企业的限制和困难往往使企业的领导者变得目光短浅，因此，很容易忽视预警征兆，并自欺欺人地认为，为了适应生态系统经济，你已经做了足够多的工作。因此，你必须避免自欺欺人地认为，你的供应商与你的客户之间的关系是生态系统合作关系。如果你通常采用招标的方法与合作伙伴打交道，那么他们很可能不是真正的生态系统合作伙伴，至少不

是按照我们定义生态系统的方式。通常情况下，生态系统合作伙伴应该由基本层面的深度合作来定义，正如我们在前面的章节中所描述的那样：保持高标准，并全力以赴迎接挑战。

● **七、清醒地认识到你在哪些方面需要纵向整合以及在哪些方面需要生态系统**

两者可以和平共处，但并不是一回事。正如我们在第 5 章中所涉及的，当你没有足够的能力来建立生态系统业务时，你有三种选择：可以通过建立一个生态系统合作关系来获得这些能力，自己培养这些能力，或者收购其他已经具备这些能力的企业。在某些情况下，自己培养这些能力可能更容易或更具成本效益（即纵向整合），而在其他情况下，最好从外部获得这些能力或形成生态系统合作关系。例如，苹果公司就同时做了这两件事，选择为其设备设计自己的芯片，但选择依靠生态系统关系来开发其应用商店中的应用程序。当你需要获得新能力时，请仔细思考并明智地选择使用哪种方法。

● **八、不断地重新评估你的位置**

在生态系统的世界里，你需要不断地重新评估自己的角色和位置。在这个新世界里，你的机会转变和重新配置的速度比在部门的旧世界里快得多。如果你的价值主张涉及多个部门，就需要考虑更多的初创企业、监管变化、条件和复杂因素。你需要结合周围的变化，完善你的方法和关注点，不断地重新评估你所处的位置。当你继续进行这个过程时，可能会发现参与一些更实际的、面向未来的活动是很有用的，如战争游戏或红队策略活动。

● 九、避免渐进主义

你不能向目标小步前进。在处理生态系统业务的各个方面，你都需要准备好雄心勃勃地大步前进。第一，在你想要提供的价值主张方面要设定长远的目标。第二，在寻找合作关系以及如何建立合作关系方面要有雄心壮志。第三，在开发、培养、发展和维护生态系统方面要有雄心壮志。当然，这需要资源、时间和投入，如果你不愿意花费精力进行投资，将有可能落入渐进主义的陷阱中。许多企业领导者会试图以一种渐进的方式来从事生态系统业务，例如，尝试只建立少量的生态系统合作关系，而没有真正投入必要的资源来建立一个生态系统企业。这种不能全心投入的努力，尤其是对未来的协调者来说，几乎无法产生有意义的结果。而且，还会在其他很多方面拖你的后腿，例如难以吸引和留住人才。

● 十、将价值创造置于利润之上

要想获得成功，你需要让价值创造指导你的每一步工作，即不仅为客户而且为所有生态系统的合作伙伴创造价值。价值创造有多种形式，例如使你的合作伙伴更容易与你合作就是一种价值创造形式。正如让你的合作伙伴更容易向你的客户提供建议一样。

一旦你想清楚了这些原则的含义，就可以开始将其应用到自己身上的挑战性任务了。如何在自己的工作中使用这十条原则？如何在日常活动中应用这些原则？想要了解如何运用这些原则，可以把每条原则变成一个问题，并将其指向自己。

1. 你是如何对客户有始有终的？特别是在专注于正确的细分市场，并以提供前所未有的价值的真正精神，促进客户良好的体验和参与方面？

2. 你有多确定自己所选择的角色对你来说是合适的？你如何确保在选择角色时既不过分雄心勃勃，也不过分小心谨慎？

3. 为了实现促进生态系统发展并为所有关键成员创造价值的真正利益，你在平台上的开发、发展和投资情况如何？（如果你希望成为一个生态系统协调者，这一点尤其重要）。

4. 作为一个组织，你是否对生态系统的业务发展给予了适当的优先权？在现实中，你有多少时间真正用于建立和发展生态系统？

5. 什么是控制点？为什么它们对提高客户价值主张和你的竞争主张很重要？你在利用这些控制点方面的能力如何？

6. 你的供应商关系与你的生态系统关系有什么不同？如果它们没有真正意义上的不同，你的"生态系统合作关系"很可能不是真正的生态系统合作关系。为确保关系发展更加深入，你需要调整方向。

7. 为了实现向你的客户和合作伙伴提供有价值的真正利益，

你在哪里使用生态系统方法，在哪里使用纵向整合？为什么？

8. 你多久评估一次你为建立一个生态系统企业所做的努力？如果是每两到三年一次，那可能就太少了。如果是每个月一次，那可能就太频繁了。你如何才能达到适当的平衡？

9. 你在努力发展生态系统业务方面的雄心有多大？你的雄心壮志让你害怕吗？如果没有，你的方法有可能太过谨慎，太过循序渐进。

10. 在将价值创造（为了客户和合作伙伴）置于利润之上这方面，你做得如何？

有了这些久经考验的原则，你现在应该有了在生态系统经济中获得成功的方向和目标。正如我们在本书中所展示的那样，我们正在经历一个独特的历史时刻。数百年来一直影响着人类经验的巨大经济力量正在转变。仅通过花时间阅读本书，你就已经在理解这些转变的旅程中迈出了第一步，并找到了经历这些转变的方法。未来的道路将是艰难的，但也充满了机会和可能性。

那里有巨大的潜力等着你去发掘。你现在的任务是走出去，找到它，并好好利用它，既为了客户的利益，也为了整个社会的利益。通过利用新兴的生态系统经济，你将能够竭尽全力改变世界，使之更加美好。现在，让我们撸起袖子开始行动起来吧。

致谢

本书在构思、计划、写作和出版的整个过程中，都离不开朋友、家人、同事和其他专家的慷慨付出、支持、指导和启发。

特别感谢麦肯锡公司的众多同事，该公司多年来一直是我们的专业基地。这些同事来自该公司全球银行业务部、科技部、媒体和电信业务部以及公司财务和战略业务部。当然，麦肯锡内部对推动本书项目进展最重要的团队是生态系统战略中心。我们对整个团队表示衷心的感谢，但我们特别感谢团队的领导者和本书一个关键内容的提供者伊斯特万·拉布（Istvan Rab），以及其他领导者钟维利（Violet Chung）、乌尔里克·迪特简（Ulrike Deetjen）、塔马斯·卡贝（Tamas Kabay）和伊姆雷·斯齐尔瓦茨库（Imre Szilvacsku），感谢他们的深刻见解、敏锐观察和有益贡献。还要感谢我们了不起的行政助理布里安娜·罗德里格斯（Brianna Rodriguez）和西拉·萨拉兹（Csilla Szaraz），她们精干的管理和组织使本书得以问世。

有了写作此书的想法，我们就开始了漫长的全书写作之路。非常感谢在这一路发挥了重要作用的几位人士：麦肯锡全球出版公司的负责人雷朱·纳里塞提（Raju Narisetti），他为我们提供了重要的指导，并帮助我们找到了其他一些不可或缺的团队成员；约翰·威利父子出版公司（John Wiley & Sons）不畏困难的编辑比尔·法伦（Bill Falloon），他提供了宝贵的支持、敏锐的反馈，以及对商业书籍市场的专业看法；感谢威利团队的萨曼莎·吴（Samantha Wu）和珀维·帕特尔（Purvi Patel），他们专业的精神和精干的管理使出版过程尽可能顺利；感谢独立编辑康纳·盖伊（Connor Guy），他出色的故事讲述能力使这个独特的故事栩栩如生；感谢科德角（Cape Cod Compositors）的天才编辑团队，他们的勤奋和严格的审查使本书得到了极大的改善；感谢乔纳森·伯林（Jonathon Berlin），他帮助我们制作了许多精美的图表和插图。

最后，如果没有家人的关爱和支持，我们不可能完成这样一个艰巨的项目，感谢维嘉安蒂（Vyjayanthi）、阿尼莎（Anisha）、沙利尼（Shalini）、施里汉（Shrihan）、朱迪特（Judit）、安多（Andor）、埃玛（Emma）和阿达姆（Ádám）。